喵！中国史上经济那些事儿

王宸/著
舆知手绘组/绘

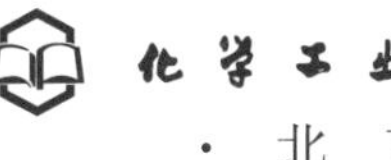

化学工业出版社
·北京·

图书在版编目（CIP）数据

喵！中国史上经济那些事儿 / 王宸著 ； 臾知手绘组绘. -- 北京 ： 化学工业出版社， 2024. 12. -- ISBN 978-7-122-46657-0

Ⅰ. F129.2-49

中国国家版本馆 CIP 数据核字第 20241UZ926 号

责任编辑：笪许燕　　　　封面设计：王　婧
责任校对：宋　玮　　　　装帧设计：盟诺文化

出版发行：化学工业出版社（北京市东城区青年湖南街13号　邮政编码100011）
印　　装：天津裕同印刷有限公司
710mm × 1000mm　1/16　印张$14^1/_2$　字数161千字　2025年1月北京第1版第1次印刷

购书咨询：010-64518888　　　　售后服务：010-64518899
网　　址：http://www.cip.com.cn
凡购买本书，如有缺损质量问题，本社销售中心负责调换。

定　　价：78.00元

前言

你能想到吗？经济全球化、贸易战、宏观调控、普惠金融……这些看起来挺“现代”的词语，根子都深深扎在历史里。

经济史，其实既好用又好玩！

翻开历史书，最先抓人眼球的，往往是金戈铁马、算无遗策，或者奇闻趣事、妙笔生花。然而，如果脱离经济，这些历史场景就都成了空中楼阁：

在战争中，决定胜负的最关键因素不是谋臣名将的高光瞬间，而是那些看似琐碎无聊实则重要的资源调度，比如说，没有屯田制的扎实积累，就没有“魏武挥鞭”的波澜壮阔。一文钱难倒英雄豪杰，再不同凡响的人物都需要吃饭穿衣，没了这些“刚需”，那些惊才绝艳、悲欢离合的故事，又从何谈起？我们熟悉的王朝兴衰背后，是经济这只“看不见的手”在悄悄推动。

小到自己的一亩三分地，大到一国、一世界，经济都是基石，也是血脉。而且，我们现在想打理好自己的“小金库”，也得借鉴古人的智慧：“神操作”根据情况学过来，踩过的坑正好绕开：怎样配置投资，才能尽量保证资产不缩水？怎样才能看准下一个风口行业，及时入局？

怎样才能让各种金融工具为我们所用，而不是被它们牵着鼻子走?

可爱的猫咪们，会和我们一起，沿着四条经济线索，重读中国史，给那些耳熟能详的故事不一样的“打开方式”。历史不再是零碎难记的知识散点，而是条理清晰的“串珠”:

一条是货币，从“原生态”的海贝到“寿命”最长的五铢钱，再到古装剧里常见的白银、给古人挖了好几次坑的纸币，我们仿佛看了一场历代著名钱币的“走秀”，不光能欣赏它们的“颜值”，还能挖出它们身上蕴藏的力量和故事。

一条是土地制度，也就是土地归谁所有。这可以说是解读数千年中国史的一把“钥匙”，有了它，就能破开重重迷雾，直抵问题本质。

一条是税收，简单来说就是政府从民间吸取资源，进行二次分配。通过它，我们能看到朝廷和百姓的不断“拉扯”，如果收得合理、花对了地方，就能实现“双赢”，否则，可能会满盘皆输。

一条是商贸，从春秋战国大富翁的“武林秘籍”，到商路上艰难求生的无数商人，从盛唐长安的壮丽气象，到北宋汴京的吃吃玩玩，不管是对内还是对外，商贸都在塑造着整个时代的模样。商人和朝廷的“相爱相杀”，也是一出演不完的大戏。

让我们一起出发吧，喵呜——在这趟旅程中，你会发现，那些看似新潮的东西，其实由来已久，看似深奥、让人挠头的概念，其实挺简单，也挺有意思。

王　宸

于北京

目录

上古时期：货币的诞生

钱，或者说货币，是我们生活中不可或缺的一部分。

它已经从实实在在的现金，逐渐演变为“看得见摸不着”的电子货币、数字货币，让支付和收款更加便捷。

不同国家用的货币也不一样。

货币常被称作“国家的名片”，上面的图案往往代表了这个国家最具特色的地方，比如值得一游的风景名胜，拿这些货币来做旅游攻略也不错。

我们现在使用的第五套人民币，1 元纸币背面印的是杭州西湖十景之一“三潭印月”，5 元背面印的是东岳泰山，10 元背面是三峡夔（kuí）门，20 元背面是“甲天下”的桂林山水，50 元背面是布达拉宫，100 元背面是人民大会堂。

这六个地方，你都去过吗？

20 世纪 90 年代，美国启动了“25 美分纪念币项目”，这些硬币的正面是开国总统华盛顿头像，背面却换成了代表各州的图案——纽约州的硬币背面是自由女神像，北卡罗来纳州的是莱特兄弟和他们的飞机，南卡罗来纳州的是特产动植物——卡罗来纳鹪鹩（jiāo liáo）和黄茉莉。

照着地图把这些硬币放在对应的州上，就如同翻开了讲述历史、地

理和传统文化的课本。

最早的货币，可能这么复杂吗？你知道货币是什么时候出现的？它们又是怎么一点点变成了现在的样子？

一开始，人们根本不需要货币！

在长达两三百万年的时间里，人类过着狩猎采集的生活：追捕野生

动物，收集野生的植物资源。这也是历史上存在时间最长、分布最广泛的生计方式。

在那个时代，大家总是在迁移，免得把某片地区的资源耗光。自然界就是取之不尽的“粮仓”。

财产是公有的，大家集体劳动，食物之类的基本生活物资平均分配。剩余的物品很少，也买不到什么——有机会碰面的人们，出没的地点差不多，找得到的东西也差不多，所以当时的人们不需要货币。

大概一万年前，人类开始生产食物，农业出现了。

在适合种庄稼的地方，人们开始定居，盖起了能长长久久住下去的房子，并学会了制作陶器。陶器沉重且易碎，不适合频繁搬动。

同时，一些部落学会了驯养马、牛、羊等动物，这些动物的肉和奶是美味的食物，皮毛可以用来做衣服，这样，畜牧业也出现了。

这叫作“农业革命”，也是第一次社会大分工。

大家生产出来的东西逐渐有了剩余，可以贮藏起来。贫富差距一点点拉开了。

农民和牧民拥有的、需要的物品不一样，“互通有无”成为可能。

慢慢地，生产技术越来越高，收成也越来越好，不用人人都去全力以赴地务农了，一部分人便在闲时做起了手工活儿。

随着手工业的门类越来越多，流程也越来越精细，一个人边种田边“兼职”做手工，已经不现实了。

于是手工业从农业中分离，出现了直接以交换为目的的商品生产。这就有了第二次社会大分工。

时间长了，大家发现以物换物有很多问题：交易双方的需求总是对不上，有些大件物品没法分割，容易破损或腐坏的东西不好处理……

要是有这样一种东西就好了——

首先，它是大家都喜欢的，人们愿意先把自己手上的东西换成它，再拿它去换别的物品，这样一来，交易就变得简单多了！

其次，它本身要有用处；还要方便计数，最小的单位不能太大；得方便带在身上走远路，所以不能太沉；还要坚固，保质期长一点，不能太容易坏……

大家果然找到了这样的东西！

在中国，是海里的贝壳。

为什么呢？

贝壳不仅漂亮，有神奇的光泽，是大家喜欢的装饰品，也被当成驱邪或祈求丰产的护身符。它满足了作为交易媒介的所有条件。

像贝壳这样，可以直接拿去交换其他一切商品、表现其他一切商品价值的特殊商品，叫作一般等价物。

原先的以物换物，变成了让一般等价物充当媒介的商品交换，过程就没那么麻烦了。

历史上，玉器、农具、弓箭、布帛、皮革、食盐、谷物、奴隶、家畜等，都曾经充当过一般等价物。

一般等价物的材质并不固定，时间、地点不同，能够充当一般等价物的东西也不同。前面的那些条件，它们未必都满足，但本身如果有被普遍认可的用处就足够了。

随着时间的推移，一般等价物当中逐渐演化出了货币。货币是固定充当一般等价物的特殊商品，比如凿了孔可以串起来的贝壳，可以算得上最早的实物货币。

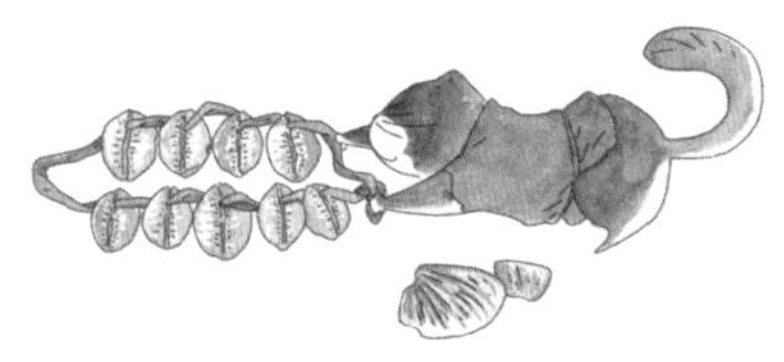

实物货币作为货币的价值，等同于它作为普通商品的价值。也就是说，它自身就值那个钱，不需要谁来发行它、强推它，或拿信用担保。

贝壳在海边到处都是，不怕出现“通货膨胀”吗?

其实，并不是哪种贝壳都能用来当钱花!

能充当货币的主要是货贝，还有拟枣贝、虎斑贝、蛇首眼球贝等，它们都属于宝螺科，生活在热带和亚热带海洋里，远离中原，如果把运输成本算进去，它们就相当昂贵了。

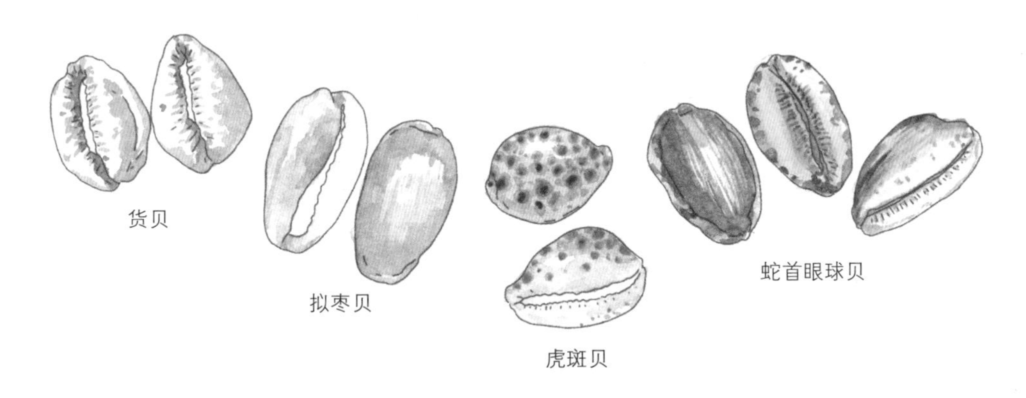

货币需要具备稀缺性!

“物以稀为贵”，要是货币数量超过了经济的需要，就会贬值，实际购买力降低。

供需关系是一切交易的基础，也是市场的本质。

类似的，什么样的资产才能保值呢?

一方面要标准化，方便分割、转让，分辨起来也不是特别复杂，而且大家对它们要有足够的共识，愿意拥有，觉得珍贵。另一方面，要有足够的稀缺性。

商周时期，贝币的单位是“朋”。

一朋等于多少枚贝壳，还没有定论，不同历史时期或许不一样，通说是十枚。但可以肯定的是，贝币的购买力不容小觑。

例如，上海博物馆收藏的一件西周早期的德鼎，上面的铭文告诉我们，成王赏赐给德 20 朋，德拿这笔钱制作了精美的大鼎。

西周中期的卫盉（hé）也提到了贝币。共王三年三月，在都城丰举行大典，贵族矩伯必须参加，可是他没有要用到的礼器，所以向裘卫买了一件玉璋，价值 80 朋。矩伯穷，于是商定以“十田”抵账。

这里的“一田”是指长、宽各百步的方田，面积有一百亩❶，是“一夫”（一个劳动力）耕种的土地，价钱是 8 朋。

❶ 这里的步和亩均为西周时的单位标准，当时的一百亩，按百步为亩，6 尺为 1 步，周代 19.1 厘米 / 尺计算，100 亩约合今 19.7 亩。

不光中国，世界上许多地方都用过贝币。

泰语里表示贝币的词至今还在使用，意思是借贷的利息。

在西非，贝币一直流通到 19 世纪中期。虽然该地区黄金资源非常丰富，但是当地人并没有将它制作成货币。阿拉伯和欧洲商人利用当地人的这种偏好，从印度洋和马尔代夫群岛大量进口海贝，运往西非，用以交换奴隶和其他商品，从中获得了极高的利润。

从阿拉斯加到加利福尼亚，太平洋沿岸的美洲原住民用象牙贝来衡量物品的价值，看的是象牙贝的长度而不是具体数量，贝壳越长越值钱。

在南太平洋上的所罗门群岛，直到 20 世纪，由于政府的币制不稳定，人们还是更信任贝币。由于要把贝壳研磨成大小合适的珠子，制作过程很麻烦，导致产量一直无法满足需求，贝币的价值因此相当稳定。

在我国云南一带，曾经有一个滇国，存在时间大致相当于战国中期到西汉中期。滇国流通的货币也是来自印度洋的贝壳，当时还出现了一种特殊的青铜器——贮贝器，相当于现在的存钱罐。

在滇国，牛是财富和地位的象征。晋宁石寨山、江川李家山出土的贮贝器上，经常可以看到牛的形象作为装饰。

现在和经济有关的很多汉字，偏旁都是“贝”，像贵、贩、费、资、财、贷、购、账、赌、赚、赔、贿、贫，等等。

你还能想出来哪些？

天然贝壳数量毕竟有限，能不远万里来到内陆的就更是稀少。随着货物的增多和交易的频繁，贝币渐渐供不应求，商贸发展遭遇了“瓶颈”。

后来，大家想出了解决办法：

用各种材料仿制贝币，比如蚌壳、骨头、绿松石、青铜、黄金……

最早的金属货币，就这样诞生了。

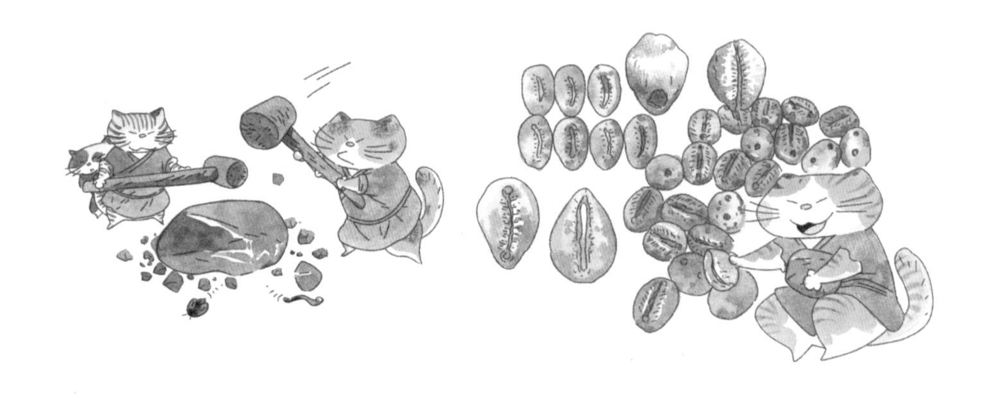

货币供应的“瓶颈”一旦突破，商品交换变得更加活跃。

如果人们仍像之前那样，把自己多余的物品放在家里，等待别人上门交易的话，也太不方便了！要是不同商品的提供者住得远，哪怕只是换点针头线脑，也得奔波一整天。

所以，市场慢慢出现了：大家带着东西聚到约好的地点，有什么交易需求，都在这里集中解决，效率就高多了。

《周易·系辞下》中描述了神农氏（也就是炎帝）时代的情景：“日中为市，致天下之民，聚天下之货，交易而退，各得其所。”大意是：在中午开设集市，招引各地的民众，集聚各地的货物。通过交易，各自都得到了想要的东西，然后才离去。

虽然“三皇五帝”到底是怎么回事现在还说不清楚，可上古时期的市场差不多就是这个样子。

“城市”一词由“城”和“市”组成。城，是人们为了保障安全而建造的有围墙的居住地。市，则是人们进行交易的场所，可以用东西互相交换，只要条件谈得拢，也可以用钱去购买。

那么，东西的价格是怎么确定的呢?

现代购物时，我们都习惯于明码标价，不管是网购，还是去线下超市、便利店，价格都明确标注。不过在一些非正式的场合，如农贸市场，讨价还价则是一种常见的交易方式，只要双方都觉得不亏就成。

古时候，有种好玩儿的讲价方式——买卖双方把手藏在宽大的袖子里，按约好的一套手势，你戳戳我，我按按你，窸窸窣窣一通比画，生意就做成了。这种方式叫“拉手”或者“袖里乾坤”，在谈古董买卖、农村集市上交易牲口之类的场合，都可能用到。

为什么要这么神神秘秘的?

因为买卖双方都想对价格保密，不想让别人知道。这样的话，不光

可以防止其他人在还没谈妥时横插一杠子，而且如果生意没做成，也不会影响下一轮讨价还价；如果这件东西以后要加价出手，大家也不会知道他进货时到底花了多少钱。

在现代社会，价格通常指进行交易时买方需要支付的金额，它是商品价值的体现。一般来说，商品价格和它包含的价值量成正比。而商品的价值量，是由生产它所需的社会必要劳动时间（在当时正常的生产条件、平均劳动熟练程度和劳动强度下，需要多少时间）决定的。

我们现在买书买文具，压力不算大。而在清朝，曾国藩买一套《子史精华》花了 4000 文铜钱，当时两斤肉也只要 40 文。这是因为技术进步了，生产效率提高了，做书做文具所需的社会必要劳动时间节省了很多，它们自然就便宜了。

价格还受供求关系的影响。需求越大，即想要某件东西的人越多，它就越贵；供给越多，即市场上“铺货”越多，它就越便宜。所以，什么东西忽然“走红”的话，跟风进场的那些人往往赚不到太多钱——物以稀为贵，大家都知道什么东西紧俏，赶紧生产，等东西挤满了市场，就自然卖不上价了。

有了市场，大家干起活来就更踏实了，不用担心生产出来的东西太多，自己用不了，白白浪费掉，也不用担心因为不种粮食、不织布，就没吃没穿。

史书记载，商朝开国之君成汤的祖先王亥驯服了牛，用它们拉着满载各种物品的车，去和其他部落做买卖。所以“商人”这个词和商朝有关。

在商朝晚期的都城殷墟，考古队员们发现了来自南海的贝壳，和来自甘肃甚至新疆的玉料，这表明三千多年前，遥远的西北和东南就因商贸有了联系，真了不起！哪怕在今天，不管是终年积雪的高山，还是汹涌神秘的大海，都足以让我们敬畏。

我们再看看世界其他地区，货币又是怎样出现的。

五六千年前，在两河流域（大体在今伊拉克共和国境内），神庙负责管理城市的经济。农民收获的小麦等物品交给神庙，神庙则发给农民刻有几何图案的黏土板作为收据。黏土板的形状和上面的几何图案分别表示物品的种类和数量。

如果一笔买卖要用到很多黏土板，就用黏土把它们包裹起来，做成黏土球，然后用削尖的木棍在黏土球表面刻上不同的符号，这样一看就知道里面是些什么东西。

烘烤过的黏土板和黏土球不会腐坏，只要不受潮，就能保存几千年。

有学者说，这些黏土球是世界上最早的“数据存储设备”。它们其实也是一种收据，还可以用来交换其他物品，相当于“代币”。

如果给神庙干活，也会领到黏土板，相当于工资。有神庙担保，哪怕黏土本身一钱不值，人们也都能接受。

不过，这座城市认可的黏土板，只能在共同体内部流通，到了另一座城市或城市之外的人手里，就没有任何意义了。

公元前 3100 年左右，苏美尔人可能觉得使用黏土板麻烦，慢慢放弃了这种方式，直接用黏土球表面的符号来计数。这样，最早的文字——楔形文字出现了。

最早的文字记录的不是诗歌和历史，而是不需要用心去背的东西，如金钱、贸易、雇佣等。

那能不能找到一种东西，让住在不同城市里的人都认可它的价值呢？

四五千年前，在安纳托利亚（今土耳其的亚洲部分），商人们发现了白银。

金属的英文“metal”来自希腊文“μέταλλο”，意思是月亮。在所有金属当中，白银的颜色和月亮最接近。不管哪群人都觉得，白银是一种特别的东西，不光漂亮，还拥有月亮赐予它的神圣属性。

和黄金不同，天然单质银非常罕见，绝大部分以化合态的形式存在于银矿石当中，要经过非常复杂的冶炼过程，才能得到银块。由于技术水平要求高、产量相对稀少，一开始，白银的价值甚至超过黄金。

概括一下，货币的职能有哪些？

（1）价值尺度。

就像用尺子量长短、砝码称轻重一样，我们把各种商品的价值都表现成一定数额的货币。

在这一职能中，我们并不需要实际的货币，只需要观念上的货币，觉得东西值这个价就可以。例如，橱窗里的商品标价 100 元，并不需要真的在旁边搁一张百元大钞。

（2）流通手段。

货币充当商品交换的媒介，实现“一手交钱一手交货”的交易方式，在这个过程中，必须使用实际的货币。

商品流通所需要的货币量与商品价格总额成正比，与货币流通速度成反比。如果商品价格总额大、货币流通速度慢，所需要的货币量就大；

反之，如果商品价格总额小、流通速度快，所需要的货币量就小。

这两种职能最重要也最基本，是货币一出现就有的。

（3）贮藏手段。

货币在退出流通领域后能被储存起来。这通常是指实在的、足值的金属货币，比如金银元宝、金条、银块。纸币由于价值不稳定，所以不见得靠谱。

（4）支付手段。

货币适用于各种延期支付形式，不局限于商品流通，比如赊账买东西、还债、纳税、交租、发工资等。

（5）世界货币。

随着全球化的发展，货币的流通范围扩大到国界之外，在世界市场上发挥作用，比如平衡贸易差额、直接购买商品、支付战争赔款、输出货币资本等。世界货币可能是足值的金银，也可能是某个国家的信用货币（前提是这个国家必须经济实力强大、币值稳定、通过国际协议得到确认）。

著名经济学家马寅初讲过一个故事，我们一起看看这个故事里出现了货币的几种职能。

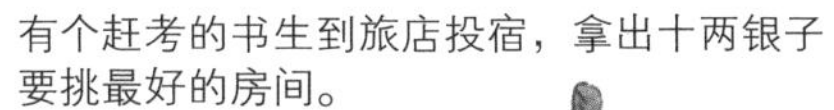

有个赶考的书生到旅店投宿，拿出十两银子要挑最好的房间。

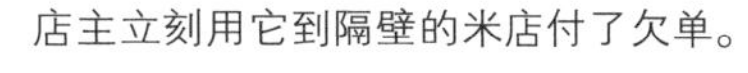

店主立刻用它到隔壁的米店付了欠单。

米店老板转身去屠夫那里还了肉钱。

屠夫拿着钱去找养猪人还了猪钱。

养猪人马上去付清了赊欠的饲料款。

饲料商赶紧到旅店还了房钱。
就这样，十两银子又到了店主的手里。

这时书生说房间不合适，要回银子就走了。

店主一文钱也没赚到，大家却把债务都还清了。所以钱的流通越快越好，这就是经济学。

春秋战国：大商人是怎么炼成的

《史记·货殖列传》中，司马迁将全国划分成四大经济区：山东、山西、江南、龙门碣（jié）石以北。虽说司马迁生活在西汉，然而从战国开始，这种格局就逐渐形成了。

山东、山西地区属于黄河流域，是传统的农业区，范围比现在的山东、山西两省大得多，自然条件相对优越，开发也早，人口密度高，所以长期占据着全国经济的中心地位。

在这里，“山”指的是太行山或崤（xiáo）山。

据司马迁所述，山东盛产鱼、盐、漆、丝，同时也以歌舞和美女闻名；山西则盛产木材、竹子、楮（chǔ）树、野麻、牦牛尾、玉石等资源。

相比之下，江南地区经济发展起步较晚，同黄河流域相比，经济实力差距较大。尽管这里物产丰富，出产楠树、梓树、生姜、桂皮、金、锡、铅、朱砂、犀角、玳瑁、珠玑、象牙、皮革，但由于气候炎热潮湿、疾病流行、地势复杂等因素，不利于开发。在司马迁生活的时代，江南大部分地区人口稀少，生产技术相对落后，虽然能基本满足温饱，却不利于财富的积累。

龙门碣石以北地区则是传统的畜牧业或半农半牧区，以长城为界分为塞内和塞外两部分。在西汉时，塞内一度被辟为农业区，然而由于气候寒冷、土地贫瘠，经济实力非常有限。

龙门和碣石都是山的名字，前一座位于现在的山西河津和陕西韩城之间，后一座位于现在的河北昌黎西北。盛产马、牛、羊、毡、毛皮衣服、兽筋、兽角。

由于资源条件和生产技术的差异，全国经济呈现出多样化、发展不平衡的特点，为商人提供了广阔的活动空间。

商人阶层的出现标志着第三次社会大分工，他们不从事生产，专门从事商品交换。

史料记载，舜在成为尧的继承人之前，就曾在不同地区间买卖货物赚取差价。他发现顿丘的东西贵，传虚的东西便宜，就去传虚收购了许多货物，运到顿丘出手。不过，他只是偶尔担任“中间人”，还有别的主业。

前文提到过，商族人擅长做买卖。贵族们资本雄厚，做长距离贸易，平民就在城市里做零售之类的小本生意。

周武王伐纣、成功灭商以后，失去土地的商族人只能靠做买卖养家糊口。而周族人更加重视农耕，认为经商虽然能赚大钱，却缺乏根基，所以看不起商人。

“农”和“商”之间的矛盾，贯穿了几千年的中国历史。

《管子·小匡》记载，商人们带着沉重的货物，赶牛乘马，周游四方，“料多少，计贵贱，以其所有，易其所无，买贱鬻（yù，卖）贵”，同时对后代言传身教，“相语以利，相示以时，相陈以知贾（通‘价’）”，商人子弟从小耳濡目染，所以通常也选择去做买卖。

管仲是齐国名相，也是一位商业高手，他主张先富民再富国，利用山海资源，把贸易当成实现战略目标的手段。齐桓公之所以能成为“春秋五霸”之首，离不开管仲的辅佐。

春秋战国时期，除了管仲，还有好几位著名的大商人。

范蠡（lǐ）是春秋晚期的一位。他最初是越王勾践的臣子。勾践被吴王夫差打败后，范蠡和勾践一同在吴国为奴，吃尽了苦头。被放回来以后，勾践卧薪尝胆，重用范蠡和计然，采纳了他们的建议，力图富国强兵。

计然是谁，现在还不清楚。有人说，他是勾践的另一位重臣文种，因“鸟尽弓藏”而被赐死；有人说，他是范蠡所写的书里某一篇的名字；还有人说，他是辛氏，名研（jiān），字文子，又称计倪、计研。

计然给勾践提出了什么策略?

他说，干旱时要准备好船，等发洪水时就能用上；发洪水时要准备好车，等干旱时就能用上。研究商品过剩或短缺的情况，就会懂得价格涨跌的道理。当货物贵到极点时，要及时卖出，视同粪土；当货物贱到极点时，要及时买进，视同珠宝。钱财的周转要像流水那样，畅通无阻。

勾践照他的策略治理越国十年，家底果然厚实了，拿出重金去赏赐兵士，让他们乐意卖命，打起仗来勇往直前，终于灭掉吴国，报了仇。

范蠡看透了勾践，认为他人品有问题，不能共富贵，便辞去上将军的高官厚禄，隐姓埋名，乘舟漂泊江湖。而计然则佯狂，不知所终。

范蠡到了齐国，改名鸱（chī）夷子皮，在海边辛苦耕作、煮盐、捕鱼，没几年就和家人一起攒下了几十万。

齐国国君听说了他的大智大贤，让人带着相印，请他出山为相。范蠡很感慨："居家则致千金，居官则至卿相，此布衣之极也。久受尊名，不祥。"意思是从商应富有千金，做官应做到卿相，这是普通人所能达到的极限。但久获尊名，则是不祥的预兆。于是他归还了相印，把财产散给亲朋邻里，又一次悄悄跑路了。

范蠡最终定居于陶，并改名朱公。陶可能是现在的山东定陶，位于“天下之中”，和各诸侯国的交通都相当便利，是货物的集散地。

范蠡一家等待时机买进卖出，追求十分之一的利润，薄利多销，很快又积累了巨额家产。

十九年里，他三次赚到千金，两次散给贫穷的朋友和远亲。司马迁称赞道：“此所谓富好行其德者也。”（这就是所谓君子富有便喜好去做仁德之事了。）

范蠡有个徒弟名叫猗（yī）顿，原先是鲁国的穷书生，“耕则常饥，桑则常寒”，日子非常艰难。

听说了范蠡弃官经商、迅速发家的消息，猗顿就过去拜师。范蠡提点他从事畜牧业。

于是猗顿离开家乡，去西河（现在的晋西南）放牧牛羊。那一带水草丰美，他又辛勤经营，很快成了“养殖大户”。

而且他发现，不远处的河东出产池盐，于是利用攒下来的资本，开始晒盐、卖盐。

谁离开食盐都活不下去，所以在古代，盐是非常重要的战略资源，盐商一个个赚得盆满钵满。不过十年，猗顿就富甲一方，驰名天下。成功“逆袭”以后，他没有忘本，修了一座陶朱公庙，表达对老师的感谢。

另一位著名的大商人是子贡，本名叫端木赐，是孔子的得意门生，曾做过鲁、卫两国的相。

子贡很有才能，擅长游说，一次出使就改变了环环相扣的诸侯国之间的形势：保全了鲁国，扰乱了齐国，灭掉了吴国，让晋国强大、越国称霸。

孔子称赞他是“瑚琏之器”。瑚和琏都是宗庙里的礼器，比喻治国安邦的人才。

他不仅在政治上有所建树，经商也是一把好手。他遵照孔子的教导，诚实守信、乐善好施、取利不忘义，被誉为“儒商之祖”。

孔门弟子当中，子贡是“首富”。他善于观察市场行情，利用贱买贵卖的方法在曹国和鲁国之间经商，赚到千金。孔子之所以能够名扬天下，和子贡的支持分不开。

古时候，商人常常在自己的店铺里悬挂“陶朱事业，端木生涯”这副对联，就是以范蠡和子贡为榜样。

还有一位大商人是白圭（guī）。他生活在战国前期，大致和首先实施变法的魏文侯同时代。

他擅长观察市场的变化，能够做到“人弃我取，人取我与”。和范蠡差不多，当货物过剩、低价抛售时，他就吃进；当货物不足、有人高价求购时，他就出售。

比如说，庄稼成熟时，大家有了闲钱，他就买进粮食，卖出丝和漆之类的手工业品；蚕茧结好时，他就买进丝织品和绵絮，卖出粮食。

他发现，农业产量和气候有关，要留心自然规律，在丰收时大批买进粮食，等到歉收时再卖出。

白圭不讲究吃喝，衣着打扮也很朴素，节制自己的嗜好和欲望，和雇来干活的奴仆同甘共苦。

他捕捉赚钱的时机，就像猛兽和鹰隼逮猎物一样犀利。

白圭说：“吾治生产，犹伊尹、吕尚之谋，孙吴用兵，商鞅行法是也。”（我经商就像伊尹和吕尚使用计谋、孙吴使用兵法、商鞅实施法律一样。）所以，要是一个人没有足以随机应变的智慧、足以果断下决定的勇气、足以正确取舍的仁德、足以有所坚守的刚毅，就算想学习这套经商之术，白圭也终究不会教给他。

在当时，全天下想靠打理产业来致富的人都把白圭当成典范，后世的商人也将他奉为祖师爷。

然而对大多数普通商人来说，哪怕活下去都不是一件容易的事情。古代没有现在这样发达的物流，要是想进点新奇好卖的货物，就得靠自己辛苦奔波。

路上可能会遇到——

大风大浪，翻船；总下雨，天一直不放晴，困在旅店里，带的路费快用完了；小偷和强盗；荒山野岭，毒蛇猛兽；不小心病倒了，在陌生的地方，没人照顾……

简直也要历经“九九八十一难”才能修成正果。

秦：始皇帝统一货币

齐都临淄（zī），是战国时期最繁华的大城市之一。《战国策》记载，“临淄甚富而实，其民无不吹竽（yú）鼓瑟，击筑弹琴，斗鸡走犬，六博踏鞠者。临淄之途，车毂（gǔ）击，人肩摩，连衽（rèn）成帷，举袂（mèi）成幕，挥汗成雨，家敦而富，志高而扬”。大意是，临淄富有而殷实，居民生活丰富多彩，吹竽鼓瑟、弹琴击筑、斗鸡走狗、下棋踢球，无一不精。街道上车子拥挤得车轴互相撞击，人多得肩膀相互摩擦，衣襟相连，可以形成围幔，举起衣袖，可以遮天蔽日，大家挥洒的汗水像下雨一样，家家殷实，人人富足，志向高远，意气风发。

集市上更是热闹，齐国出产的盐和精美丝织品闻名天下。

根据《周礼·考工记》的规定，都城应当以王宫为中心规划布局，“前朝（朝廷）后市（集市），左祖（祖庙）右社（社稷坛）”。虽然不是所有城池都遵照这种原则，却足以看出对集市的重视。

战国时期的集市通常有围墙，中午开市交易。齐国还设立了“临淄市掾（yuàn）”，负责管理集市，以“火牛阵”挽救了齐国的名将田单就做过这个官。

就像之前提到的，春秋战国时期的商人四处奔波，面对种种挑战，想得到的和想不到的麻烦没个完!

为什么会这样?

因为各国的货币、车轮宽度、文字、度量衡不统一，各有各的标准，在国内没问题，做起跨国生意就麻烦了。

上古时期，贵族或大额交易用贝币，平民百姓日常换东西时用得最多的还是生活或生产用品，例如铲子、小刀、纺轮等。

慢慢地，这些工具逐渐演变成了货币：铲子变成了布币，叫作“削”的小刀变成了刀币，纺轮变成了圜（huán）钱。

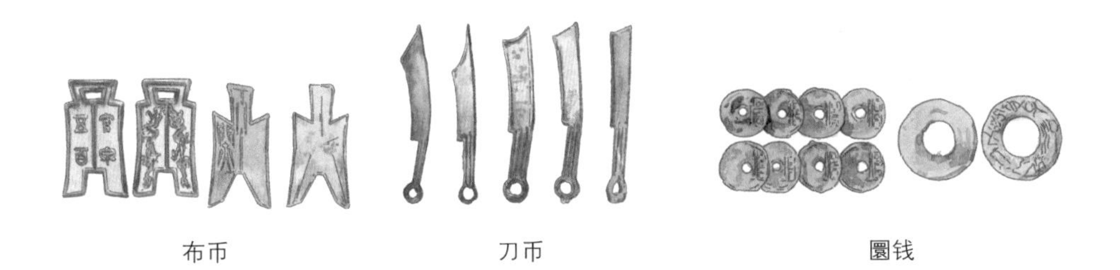

布币　　刀币　　圜钱

齐、燕两国主要用刀币。

齐国的刀币较大，工艺精良，上面有“齐造邦长法化”（田氏齐国的开国纪念币）、“齐法化”“节墨之法化”等字样。“化”可能指货币，“法化”就是法定货币。也有人提出，“法化”应该解释成“大刀”。

燕国的刀币比较小，做工也比较粗糙。上面经常有一个“明”字，所以又叫“明刀”。

东周王室与韩、赵、魏三国主要用布币。

东周王室最初铸造的空首布保留了农具原本的样子，连木柄部分都保留了。这种形状不方便带在身上，所以出现了更薄、更小的平首布。它们各式各样，有尖足布、方足布、圆足布等。

楚国使用一种特殊的“蚁鼻钱”，可能是由贝币演变过来的，因为图案奇怪，所以后世也称之为“鬼脸钱”。楚国还发行了“郢爰（yǐng yuán）”金币，即“印子金”。“郢”是楚国的都城，“爰”是重量单位。

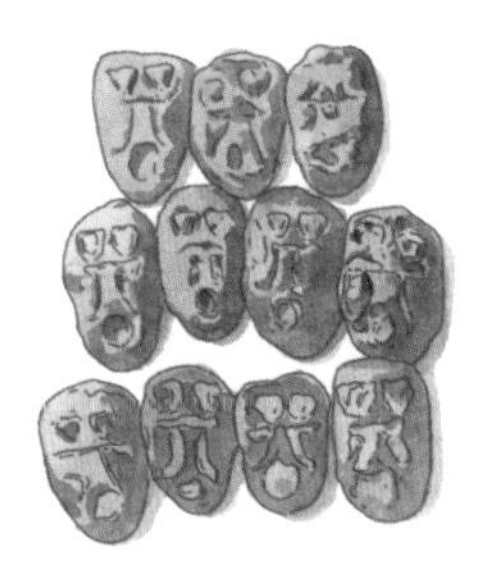

鬼脸钱

印子金

秦国主要用圜钱。中间的孔最早是圆形的，像纺轮也像玉璧，后来演变为方形。

秦王嬴政先后灭掉了韩、赵、魏、楚、燕、齐六国，公元前 221 年统一天下，自称始皇帝，并实行了一系列的统一政策，如“车同轨、书同文”，还统一了全国的货币和度量衡。

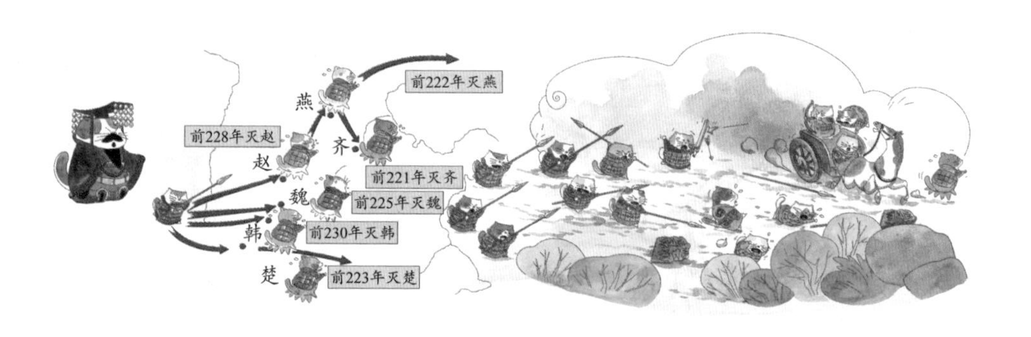

他规定法定货币只有两等：上币是黄金，下币是铜钱。原来六国的货币，还有珠玉、龟贝、银锡之类都不能再当钱花了。

秦朝严禁民间铸钱，将铸币权收归国家。充当下币的铜钱叫“半两”，圆形方孔。它的重量确实是“半两”，相当于今天的 8 克左右。

“半两”两个字是漂亮的小篆，据说是丞相李斯写的。

“半两”流通到哪里，秦始皇的权威就铺展到哪里。

半两

两千多年来，中国的铜钱一直是这种圆形方孔的样子，所以又有个外号叫“孔方兄”。

为什么要做成这样呢？圆形方孔可能代表着古人“天圆地方”的宇宙观。

铸好铜钱以后，需要将边缘打磨整齐，去掉毛刺。和圆孔相比，方孔的优势是可以用方形的木棒将它们成组串起来，打磨时不会乱转，效率就大大提高了。

这种铜钱可以用绳子串起来，方便带在身上，而且比起棱角锋利的刀币、尖足布之类，要安全得多。

西汉初年：攒钱不容易

汉高祖刘邦登上帝位时，面对的完全是一个“烂摊子”。

灭掉六国以后，秦朝并没有让人民休养生息，而是继续折腾：建长城、铺设驰道和直道（就是当时的高速公路）、盖阿房宫、给秦始皇在骊山修陵、开凿沟通湘江和漓江的灵渠……

才打完仗，老百姓连喘口气的工夫都没有，就被撵着四处奔波，去服徭役（古代官府向人民摊派的无偿劳动），运气不够好就会埋骨他乡，

再也回不了家。

所以，大家再也忍不下去了！

秦始皇去世后没多久，陈胜和吴广就在大泽乡（位于现在的安徽宿州）揭竿而起。群雄并立，你方唱罢我登场，战火此起彼伏。

所以，打败“西楚霸王”项羽以后，刘邦君临的天下早就荒芜破败得不成样子。

按照《史记·平准书》的说法，当时年轻力壮的人都去当兵了，老弱运送粮饷，要忙活的事情非常多，钱财却非常匮乏。连皇帝都凑不齐四匹同样颜色的马，给将相拉车的干脆是牛，百姓家里一点余粮都没有。

很多人在之前的乱世里白白丢了性命，还有很多人为了避开严酷的刑罚和沉重的税负，躲进了山林里，甚至变成盗贼。这么一来，能耕田织布的人就剩不下多少了。

更麻烦的是，刘邦在位那几年里，不是和北边的游牧民族匈奴打仗，就是对付造反的异姓诸侯王，百姓也没有安稳日子过。

怎么办?

刘邦吸取秦朝灭亡的教训，轻徭薄赋，把田租（可以理解成农业税）降到十五税一，也就是征收总产量的 1/15。

刘邦去世后，他的儿子汉惠帝刘盈继位，然而掌握大权的是皇太后吕雉（zhì）。她当政的十几年里，采用“黄老之术”，鼓励生产。司马迁说，她让“黎民得离战国之苦”，天下安然无事，不怎么动用刑罚，犯罪的人也很少。百姓专心种地，衣食慢慢丰足起来。

什么是黄老之术?

“黄”指黄帝，“老”指老子。黄老之术形成于战国中期，核心是道家思想，不过也融合了阴阳、儒、法、墨等学派的观点。

老子有句话叫“治大国若烹小鲜”。烹煮细嫩的小鱼时，如果沉不住气一通胡乱翻搅，就会变得稀烂，没法吃了。治国也是一样，要耐得住性子，不能朝令夕改、反复折腾、频繁扰民。

刘盈、吕雉去世以后，周勃、陈平等开国功臣消灭了吕氏家族，拥立刘邦的另一个儿子刘恒，就是汉文帝。

汉文帝继续“无为而治”，在他看来，农业是天下的根本，所以率领大臣亲自耕种，给百姓做榜样。他不止一次把田租减半，变成三十税一，甚至免收田租。

到2006年，中国才正式取消农业税。在现代社会，农业税占税收总额的比例已经非常小，就算不收也没多大影响。然而在古代，它是政府最重要的财源之一，能减免实属不易。

百姓服徭役的时间也明显缩短了。在古代，成年男子都要去当兵守卫边疆，或者无偿给政府干活，吃的穿的都得自带。这么一来，百姓家里的农活儿被耽误了，搞不好百姓还会倾家荡产。减少徭役时间意味着百姓有更多的时间从事农业生产，提高生活水平，从而休养生息。

汉文帝采取了不少“国退民进”的经济政策，下令“弛山泽之禁”，也就是把原本属于皇帝的森林、食盐、鸟兽、鱼虾、矿藏之类资源都向百姓开放，允许私人经营。

全国交通要道上设立的收税关卡也都被取消了，不再需要拿“传”（通行证）去过关。所以司马迁说，“是以富商大贾周流天下，交易之物莫不通，得其所欲”，意思是富商大贾得以通行天下，交易货物无不畅通，他们挣钱的愿望都能得到满足。

工商业发展起来了，民间的元气也渐渐恢复了，汉文帝却照样把“钱袋子”看得紧紧的，能省就省。

他曾经想修一座露台，便召来工匠合计成本，算了算大约要花一百金，相当于十户中等人家的产业。汉文帝觉得太奢侈，立刻打消了念头。他平时的生活也很节俭，粗茶淡饭，连龙袍都是打了补丁的。他给自己建造的霸陵的随葬品也特别简单，只有瓦器，一点金银铜锡都不舍得用。

所以后世非常推崇汉文帝，说他是简朴克己的典范。

2021 年 12 月 14 日，江村大墓被国家文物局确定为霸陵。考古学家发掘了霸陵的外藏坑（可以理解成仓库或者附属设施），一看规模并不小，还出土了“皇家动物园”，入选 2023 年全球十大考古发现：

貘、熊猫、印度野牛、金丝猴、丹顶鹤、金雕、绿孔雀、褐马鸡之类的珍禽异兽，都安安静静躺在自己的“小房间”里，等着墓主人在另一个世界和它们玩耍。

这不是挺壮观的吗，难道我们被史书糊弄了？

当然没有，不过这个问题要这样看：勤俭朴素是相对的，汉文帝只是没有全照皇帝的排场来，而不是和普通百姓比。他的陵墓是“减礼不减制”，该有的都得有，只是数量和精美程度差一点。

汉朝建立以后，钱也变小、变薄了。

前面提到过，秦朝用的钱是“半两”。那时候一斤差不多等于现在的 250 克，一斤合十六两，一两合二十四铢，半两就是十二铢。

战国后期到秦朝，物价相当低，所以钱的购买力高。不是荒年的话，一斗粟只值几枚“半两”，平均每个人每天的货币收入还不到一文钱。要是买的东西比一文钱还便宜，就不方便付账了，因为没有面值更小的货币了。

而且，刚刚经历过战乱，货币严重短缺。要是全靠朝廷来铸造，根本满足不了民间的需求，会倒退回以物换物的时代。

于是，刘邦允许民间铸钱。考虑到秦钱重且难用，他下令把秦朝留下的“半两”熔掉，制成新钱，虽然上面还写着“半两”，但重量却轻了很多。

这就有了钱的面值和实际重量不一致的现象。

金属刚刚变成货币时，还是条、块之类不规则的形状，实际价值是多少，就能买多少东西。所以，每次做生意时都要查看金属的成色、给它们称重，再剪切成合适的大小。

这套流程太不方便了！于是，人们想出一个办法：把金属做成特殊的形状，而且在上面写清楚重量。标准化的货币就这么出现了。

但问题来了！

哪怕货币一开始都没有“缺斤少两”，也没有被故意破坏，用上一段时间后，它们也会因为自然磨损而不足值了。

怎么办？

为了避免麻烦，政府规定，不管货币的实际重量是多少，市场都只能按照面值来接受。官方强制力一掺和进来，它们就不光是“自然货币”了，变成了“法定货币”。

所以汉朝新铸的钱虽然重量比面值轻，但因为是官方授权，所以也是合理合法的。

刘邦放开对私人铸钱的限制以后，市面上的货币很快多了起来，可是越来越夸张——“半两”钱普遍不到三铢，最离谱的甚至只有一铢，中间的方孔特别大。这种“半两”看上去就像榆树的果实，所以得了个“榆荚半两”的外号，也叫“荚钱”。

钱多了，物价跟着飞快上涨，一斗米能卖到万钱。奸商趁机囤积居奇，通货膨胀越来越严重。

什么是通货膨胀?

当流通中的货币量超过实际需要时，它就贬值了，物价水平就会全面持续上涨，这就叫通货膨胀。

反过来就是通货紧缩，它们都是社会总需求和社会总供给不平衡造成的，需要调整。

刘邦统治末期，又像秦朝一样，禁止民间铸钱了。他去世后，吕雉下令，私自铸钱者不论主犯从犯一律砍头，还下令颁行更重的“八铢半两”。

吕后为什么这样做?

一方面是“新官上任三把火”，吕后终于当家做主了，铸造新的货币，可以向全天下显示自己的权威；另一方面，“荚钱”确实搞出了很多问题。货币流通乱七八糟，各郡国用的钱都不一样，换算起来非常麻烦；铸钱的利润又实在太大了，很多人都不乐意老老实实务农，都去投机取巧，结果田地抛荒了，粮食不够吃。

然而，经济还没有完全恢复，大家更需要容易兑换的轻钱，“八铢半两”不合时宜，才过了三年多，就只能停用，被更小、更薄的钱取代了。

经济有自己的规律，帝王将相也不能想怎样就怎样！

汉文帝继位后，再次允许民间铸钱。

他其实也很无奈……

法令哪怕再严厉，都管不了“土皇帝”一样的诸侯，有名无实。再说，他在皇帝位置上坐得也不算稳，没底气得罪太多人。

不过，放开是有条件的！

汉文帝规定，“半两”的重量必须达到四铢，不能再跟榆荚似的，没个钱样。而且要货真价实，只能用铜和锡铸造，不能把铅、铁之类便宜的金属掺进去。

有本事大批量铸钱的明显不是普通百姓，这么一来会闹得富人更富，穷人更穷。

最嚣张的就是吴王刘濞（bì），他是刘邦二哥刘仲的儿子，封地里有豫章郡铜山。他招揽全天下的亡命之徒在那里铸钱，还把海水煮成食盐运出去卖，所以财大气粗，日子比皇帝滋润多了。朝廷看在眼里，当然头疼得很。

为了收买人心，吴王刘濞非常大方，直接免了封地里百姓的税收，百姓对他感恩戴德。他铸造的“半两”比朝廷发行的四铢钱还要重一点，百姓喜欢，市场占有率也高。要是一直这样，在经济领域，他就能轻易卡住朝廷的脖子，皇帝当然不放心！

汉文帝非常宠信一个名叫邓通的臣子，把蜀郡严道（现在的四川雅安一带）的铜山赐给他，允许他铸钱。

邓通铸造的“邓氏钱”质量也相当好，得到了百姓的认可，他因此富可敌国，生活质量跟王侯差不多。

不少人觉得，汉文帝给邓通这么丰厚的赏赐是昏庸的表现。然而换个角度来看，“邓氏钱”挤占了吴国“半两”的市场，对吴王造成制衡，在经济领域，朝廷说话也就更管用了。

前面提到的“荚钱”的出现，其实是“劣币驱逐良币”现象：如果官方规定，不足值的货币可以和足值的一样流通，时间长了，足值的货币就一定会消失。为什么这么说？

在铸钱时减重能压低成本，而且不影响使用，谁还愿意足值呢？省下来的铜料还能再多铸一些钱。

那怎样才能反过来，让“良币驱逐劣币”呢？

开展自由竞争，通过市场选择达到平衡状态。就是说，官方不规定哪些货币能用，让百姓“用脚投票”，根据各种货币的口碑去决定。名声差的货币没人乐意接受，慢慢就不见了，质量好的才是赢家。

这种情况看起来很理想，但是，政府通常不会同意彻底放开货币铸造权和使用权——经济命脉不掌握在自己手里，能行吗！

所以，还是“劣币驱逐良币”更加常见。

汉武帝：花钱好容易

实行“无为而治”的好处，前面已经讲得够多了。不过，甘蔗没有两头甜！想想看，它的坏处可能有哪些?

政府可以调动的资源少，“容错率”就低。好年景还行，一旦出现天灾人祸，连收拾局面的能力都未必有，基建也搞不起来。而且，“小政府”适合守成，不适合进取。

对皇帝来说，最“烧钱”的是什么?

盖宫殿、修陵墓? 吃山珍海味、穿绫罗绸缎? 到处巡游? 都不对，是打仗!

后世有句话，“大炮一响，黄金万两”。战争不是将帅斗智斗勇那么简单，要想赢，国家机器就必须开足马力支持。

西汉初年，对北方的匈奴几乎一点脾气没有，频频“和亲”，送公主（未必是皇帝的亲生女儿）和财物，也是由于承担不起跟匈奴打仗的成本。

更麻烦的是，在休养生息中受益最多的未必是老百姓！

政府一旦管不到基层，豪强地主就冒头了，兼并土地，让丢了田的老百姓替他们“打工”。

自耕农要给国家交税、干各种活儿，要是破产了，沦为佃（diàn，租种土地）农甚至奴婢，劳动果实就都被豪强地主拿去了。

这等于豪强地主在和国家争抢人口。中国历史上有过好多次“人口普查”，为的是摸清家底，知道该怎么收税、征兵。但统计出来的数据通常会比实际低，就是由于存在好多“黑户”——可能是被豪强地主藏起来了，不往上报；也可能是躲在深山老林之类的地方，国家统计不出来。

《汉书·食货志》里说，要是不限制土地买卖，就会“富者田连阡陌（qiān mò，区分土地边界的小路），贫者无立锥之地”，出现严重的社会不公。

历代正史里几乎都有《食货志》。它可不是“吃货志”，而是记载关于财政和经济的各种内容，如人口、耕地面积、生产技术、赋役制度、农业和工商业的关系等。

所以，皇帝们总要想方设法将权力收回来。

汉文帝去世以后，儿子刘启继位，就是汉景帝。他采纳亲信晁错的建议，开始“削藩”，也就是以各种理由缩减诸侯王的封地，不让他们尾大不掉、威胁中央。

吴王刘濞坐不住了，他跟楚王刘戊（wù）、赵王刘遂等六个诸侯王串通，起兵谋反，史称“吴楚七国之乱”。他们一开始打着“清君侧”的旗号，说要杀掉“奸臣”晁错。汉景帝乱了阵脚，居然把晁错骗到东市（刑场）腰斩，当时晁错还穿着朝服。

可是，诸侯王并没有退兵。吴王刘濞反而觉得汉景帝窝囊没本事，越来越嚣张，干脆自称“东帝”。

汉景帝这才放弃幻想，开始认真打仗。由于他弟弟梁王刘武的坚守、名将周亚夫的谋略，叛乱在短短三个月内就被平定，谋反的七个诸侯王都丢了性命。

从这以后，诸侯王没有了任免官吏和征收赋税的权力，不能再继续治理封国，除享受富贵外，什么都干不了。终于，汉景帝实实在在掌握了江山，大家都得听他的。

汉景帝和父亲一样，尽量想办法减轻百姓负担。他正式规定，田租三十税一，每亩的税大概是三升，这个政策在西汉时期再也没有变过。

然而，百姓纳的税不止这些！还有更麻烦的人头税——15 岁到 56 岁的成年男女要交“算赋”，通常每人每年 120 钱，叫“一算”；未成年人（通常指 7 岁到 14 岁）要交“口赋”，每人每年 20 钱。

文帝、景帝在位的四十年里，政治比较清明，社会也比较安稳，经济慢慢发展起来，史称“文景之治”，算得上盛世的典范，后来人都很羡慕。

《史记·平准书》里这样描写当时的盛况：“汉兴七十余年之间，国家无事，非遇水旱之灾，民则人给（jǐ，富裕）家足，都鄙（京师和边城）廪庾（lǐn yǔ，粮仓）皆满，而府库余货财。京师之钱累巨万，贯（穿钱的绳子）朽而不可校（jiào，统计）。太仓（政府存粮的地方）之粟陈陈相因（之前的还没吃掉，新一批又送来了，全放成了陈粮），充溢露积于外，至腐败不可食。”

18 世纪英国有个经济学家，叫亚当·斯密（Adam Smith），是古典主义经济学的“开山祖师”。他写了本《国富论》，倡导自由放任。

他说，政府的责任不过是维持和平，以及严明执法。财政支出也要尽量最小化，只承担必要的安全保障（比如说军队、警察），以及一部分私人实在不肯做或做不起的公共事业（比如说修路、造水坝）。

税收的规则要尽量简单、平等，数额不能过大。

政府不应该随便干预经济，要让每个人按照意志自由行动，这样才能保证效率。在竞争的环境中，他们会凭着理性判断追求个人利益的最大化，同时对社会有好处。

而且，商品价格和资源分配都应该由市场这只“看不见的手”来调控。

差不多两千年前中国的“黄老之术”，是不是跟这挺像——对经济事务，国家几乎全盘放手，给社会力量腾出空间?

汉武帝刘彻登基时，继承的就是这样一笔丰厚“遗产”。然而没过几年，家底就被他掏空了……

钱都花在哪里了？！

汉武帝任用卫青、霍去病等名将，一次次北征匈奴。匈奴元气大伤，总算服帖了。

军队所需的粮草、盔甲、兵器之类，是个天文数字。把它们从内地运到边疆，成本也非常高，民夫在路上吃掉的粮食，搞不好比送过去的还多。

战马是消耗品，经常死伤惨重，总得补充。无论是马本身还是养马都不便宜，一匹可能就要 20 万钱。

立下战功的将士需要重赏，根据司马迁的记载，一次犒赏花了“黄金二十余万斤”，另一次花了“五十万金”。

俘虏或投降的匈奴人需要安置，他们的吃穿也由国家供应。

汉武帝不光在北边用兵，实际上把周围“邻居”都揍了个遍：东边的朝鲜、南边的闽越（现在的福建）和南越（两广一带）、西边的大宛（yuān，位于中亚费尔干纳盆地）……

而且，他派人打通“丝绸之路”和“西南夷道”（目的地是现在的云贵一带），又是好大一笔开销。

元光三年（前 132），黄河在瓠子（现在的河南濮阳附近）决口，到元封二年（前 109）才堵上。这二十多年里，黄河持续泛滥，十六个郡遭灾，一直歉收，受影响的民众有几百万。赈灾、填塞决口（虽然迟迟没能成功）、组织移民都要大把大把花钱。

汉武帝热衷修建水利工程，既是为了灌溉农田，也是为了把粮食运到首都，或者防洪。那些水利工程有的管用（关中的漕渠、白渠），有的不管用（河套平原上的一系列灌溉工程），然而成本都不低，动不动都要几万人去干活。

在京师的百官俸禄、各机关的办公经费、祭祀天地山川宗庙、外交……这些常规开销都不能省！

钱要是都花在正事上也就算了，偏偏汉武帝过日子也很铺张——

满天下转悠，东到过黄海畔的成山头，南到过九嶷（yí）山（传说中舜帝陵墓所在地）和天柱山（位于安徽），西到过甘肃平凉一带，北到过长城以外的单于台。他巡幸是为了显摆权威、体察民情，也是为了求仙，寻找长生不老药。

不管是为了什么，他都不可能像今天我们那样拎箱子就走！出行队伍浩浩荡荡，一路上劳民伤财。

他还大兴土木，建造了“周二十余里，千门万户”的建章宫、里面有“燕赵美女二千人”的明光宫、收藏着“七宝床”之类珍品的桂宫等，

所有宫殿的装修都异常奢华，黄金、白玉、明珠、贵重香料全用上了。

汉武帝的坟墓叫茂陵，足足修了 53 年。按照《晋书》的说法，汉朝皇帝会将天下贡赋分成三份，“一供宗庙，一供宾客，一充山陵”。

汉武帝在位时间长，等到他下葬时，茂陵里已经盛满了奇珍异宝，几乎塞不进其他随葬品了。

西汉灭亡以后，赤眉起义军打进长安，盗掘茂陵，据说大家一起动手，搬了好多天，随葬品居然还剩一大半。

东一个项目西一个工程，全是无底洞，汉武帝这么擅长“败家”，哪怕国库里金子堆成山，也顶不住！

钱，到底还能从哪里来？不开动脑筋不行了……

商人这样的“软柿子”，似乎最好捏：有钱，又没权。

元狩四年（前119），汉武帝宣布实行“算缗（mín）”，即征收高额财产税——

工商业主、高利贷者、囤积货物的商人，都必须如实申报自己的财产。

商人的财产，每2000钱抽税一算[1]；手工业者每4000钱抽税一算。除官吏、三老（掌管教化的乡官）和北边战士以外，要是谁有轺（yáo，轻便的小马车）车，每辆抽税一算，商人加倍；长度超过五丈的船每条抽税一算。

有“市籍”（商贾的户籍）的生意人和家属不许购买土地，如果违反，没收财产。

[1] 《汉书》卷一引《汉仪注》：“人百二十为一算。”即120钱为一算。

商人自然不甘心老老实实“出血”，当时天下豪富都争相隐匿财产，为了偷税漏税。

政策执行不下去，怎么办？

于是，汉武帝又出台了配套措施——“告缗”：要是谁对财产隐瞒不报，或者往少里报，就罚戍边一年，全部财产充公；鼓励群众揭发，查实以后，会把没收的一半财产赏给揭发者。

群众的热情高得吓人，中等以上的人家几乎都被举报过，纷纷因此破产。政府一通“抄家”，可开心了，“得民财物以亿计；奴婢以千万数；田，大县数百顷，小县百余顷；宅亦如之”。

然而，人们之间的信任和安全感都被摧毁了，大家没了生产积极性，都开始“躺平”，也不再储蓄了，有点钱就去买美食和漂亮衣服。也是，与其辛辛苦苦一辈子，到头来全便宜了别人，不如花在自己身上。

由于车船要抽税，长途跋涉做生意的人变少了，东西跟着涨价。

算缗和告缗有点像杀鸡取卵，有什么可持续的来钱路子吗？

元鼎二年（前115），汉武帝试行均输法，五年以后正式在全国实施。

古时候，各地要给中央上贡土特产。要是离京城远点儿，运费就可能比东西本身还贵；或者在路上耽搁太久，没等送到就腐烂了。

均输法，就是各地不再将贡品直接送往京城（最优质的那一小部分除外，皇室还要用），而是暂时存到中央派下来的“均输官”那里，然后均输官将贡品运到价钱比较高的地方卖掉，或者索性连同运费折成现金，上缴国库。均输官也可以拿这笔钱在当地采购有竞争力的东西，运到缺少它们的地方卖掉，赚差价。

和均输法配套的还有平准法——设立“平准官”，接收均输官送来的东西，储藏天下百货，在市场价高时卖出，价低时买进。

均输跟平准都是为了调控物价，前一个在空间上，后一个在时间上。这样的话，商人就不能靠囤积居奇来牟取暴利了。

两千多年过去，中华人民共和国建立前后的“上海经济战”，思路和这一脉相承！

投机商盯上了跟国计民生息息相关的“两白一黑”——大米、棉纱和煤炭，疯狂吃进这些商品，企图通过操纵价格发笔大财。1949年10月中旬至下旬，上海棉纱价格上涨3.8倍，大米价格上涨5倍，弄得人心惶惶。

为了打赢这场仗，政府调集了大量物资：不下50亿斤粮食，接近全国产量一半的棉纱和棉布，还有煤炭总供应量的70%。11月20日开始，上海等地的国营贸易公司开始陆续出售米、棉、煤。投机商不计成本地买进，想要垄断市面上的所有这类商品。

没多久，他们把现金都砸进去了，开始咬牙借高利贷。然而，降价抛售的物资越来越多，他们再也吃不下了，“两白一黑”价格大跳水，投机生意彻底崩盘，上海和全国的物价一下子就稳定了。

汉武帝还下令实行“盐铁官营”，也就是垄断暴利行业的经营权。

盐和铁可是两只“下金蛋的鸡”。《管子》里算了一笔账：万乘之国（出得起万辆兵车的大国），如果有900万人，要交人头税的可能只有100万人。按每人每月30钱算，能收上来3000万钱；而按照户籍实行“计口售盐”，只要每升盐悄悄涨一点价，就能轻松赚到6000万钱。这样捞钱也更“隐蔽”，不容易激起百姓反抗。

顺便补充个知识点，大家交的税，可以分成两类——直接税、间接税。

直接税在古代主要是人头税跟土地税，纳税义务人就是税收的实际负担人。

间接税包括消费税、营业税、增值税、关税等，纳税义务人可以通过提高价格，将税收负担转嫁给别人。

我们平时买的东西和服务，价格里面几乎都含税。也就是说，我们每买一样东西或享受一次服务，都交了一笔税金。所以，哪怕你还没工作，不用交个人所得税，但照样是纳税人！

为什么选择盐和铁，而不是别的东西？

盐和铁是“刚需”，过日子没它们不成，所以产量和销量都高，利润丰厚。盐可以给食品调味、防腐保鲜。要是几天不吃酸甜苦辣，顶多是嘴馋惦记着，不会有其他后果，可要是几天不吃咸，干活都没力气。这是因为，食盐的主要成分是氯化钠，缺钠会影响能量代谢和肌肉运动。

春秋战国时期，铁农具和牛耕出现，生产效率因此大大提高，也推动了社会变革。

不管是犁铧（huá，用来破土的铁片）还是斧头、铲子、锄头、镰刀、锯子、剪刀、缝衣针，铁器都比石器、骨器好用太多了。

盐和铁的生产也相对集中，有一定技术门槛，方便国家控制。竹木器同样是生活必需品，可国家想垄断的话，能行吗？

“盐铁官营”具体要怎么做？

中央在主管全国财政经济的大司农之下设盐铁丞，打理这项事业。在各郡县设盐官或铁官，负责产销。

对盐实行“民制、官收、官运、官销”。招募百姓去制盐，制盐工具由官府提供。生产出来的所有盐都由官府收购，运往各地出售。

对铁，则完全由官府控制，从开矿、冶炼到铸造、出售，任何一个环节民间都不能插手。

为什么要这样做？因为铁可以制作兵器，如果落到想谋反的人手里，就会闹出大乱子。

元狩五年规定，谁要是私自铸造铁器或者制盐，就“釱（dì）左趾，没入其器物”，就是在左脚趾上挂铁钳，并把生产工具和“赃物”都没收。

汉武帝还把发行货币的权力收了上来，牢牢掌握在朝廷手里，不许郡国和民间再铸钱，如果违反，就是死罪。平定“吴楚七国之乱”以后，他父亲汉景帝就想这么做，但是没成功。

建元元年（前 140）到元鼎四年之间，汉武帝反反复复折腾了好多回，终于把货币的样子和重量定了下来——五铢钱。

负责铸钱的，是“上林三官”——辨铜、钟官和技巧（也有说法是均输），他们的“办公室”在皇家园林里，算得上最早的“中央造币厂”。

辨铜掌管原料，负责分辨铜的品种、好坏。钟官负责开炉铸钱。技巧负责造钱范。

辨铜

钟官

技巧

五铢钱里藏着“黑科技”！跟之前那些钱比起来，它多了个边郭，就是钱的外圈高起来一点儿。为什么要这样做呢？

因为以前偷偷铸钱的那些人经常把市面上货币的边缘锉下来，当成铜料用，简直无本万利。有了边郭以后，既可以防止“磨边取铜”，又能保护钱上的文字，免得在流通当中磨损。

“上林三官”生产的五铢钱重 3.5 ~ 4 克，个头相当整齐，眉清目秀的，工艺也先进，相当于自带防伪。

五铢钱是中国古代最“长寿”、流通量最大的货币，到唐高祖武德四年（621）才停用，足足流通了 739 年。

汉武帝还发行过一种“白鹿皮币”。

它的原材料是白鹿皮，裁剪成每张一尺见方，用彩绘装饰，价值四十万钱。

在当时，白鹿是一种“祥瑞”，非常稀少，都养在上林苑里，归皇帝所有，因此不怕别人仿造“白鹿皮币”。

照规矩，宗室王侯来朝见时，要献上玉璧。汉武帝下令，必须用“白鹿皮币”垫在玉璧下面，这等于靠强买强卖“圈钱”：“白鹿皮币”比玉璧本身贵几十倍，还可以循环利用，从甲那里收上来，转头又卖给乙。

通过“白鹿皮币”，你能看出什么？

只要牢牢控制了生产和发行渠道，国家规定什么可以当钱用，它就是钱！所以有学者说，“白鹿皮币”跟后世的虚值大额纸币有类似之处，都属于信用货币——强制流通，不是本身材质值钱，而是有国家“撑腰”。

世界上第一个铸造金币和银币的，可能是公元前6世纪的吕底亚（位于地中海和黑海沿岸，在安纳托利亚半岛上）国王克洛伊索斯。他用高于成本的价格卖出硬币，很短时间内就取得了商业上的霸权地位，可以说是一本万利。

他有句名言：“再也没有比发行金钱更赚钱的生意了”。

通过发行货币拿到的收益，叫“铸币税”。不管哪里的统治者，都不会放掉这个财源。

美国历史学家杰克·韦瑟福德也说：“控制货币的发行和分配，就是为了控制财富、资源和全人类”。

西汉中期：盐铁会议，一场吵了上千年的架

汉武帝的这套“组合拳”，几乎都打在商人身上。但那些措施并不是汉武帝发明的，它们的历史要久远得多……

战国时期，商鞅在秦国变法，就鼓励“耕战”，压制商人。如果谁搞工商业，那他和妻子儿女都有可能被官府抓去当奴婢。

韩非子说，“商工之民”是“五蠹（dù）”之一，属于社会蛀虫，君主想富国强兵，就要除掉他们。

刘邦建立汉朝以后，也禁止商人穿丝质衣物和乘坐马车，并增加他们的赋税。

商人为什么如此不受待见?

一方面，政府未必“怕硬”，但的确“欺软”，靠拿捏商人来榨钱，效率最高。而且，统治者往往把商人看成“假想敌”——

政治地位那么低，吃的穿的玩的却比王侯还讲究，太可恶了；

手里有钱就等于有社会资源，商人又不像农民一样“绑定”在土地上，他们到处窜，不好管，甚至可能掺和造反。

另一方面，商人也的确没少“作死”，犯了皇帝的忌讳。他们不直接参与生产，在蛋糕不够大的情况下，比较靠谱的选择自然是做蛋糕的人多一点，切蛋糕的人少一点。

种地那么累，做生意来钱却快得多，所以《史记·货殖列传》里说:“用贫求富，农不如工，工不如商，刺绣文不如倚市门”。然而要是大家全去做买卖了，良田抛荒，又吃什么呢?

商人赚到的钱，常常沾着农民的血——

农民的抗风险能力很差，辛苦一年也没多少余粮，要是碰到天灾人祸，可能还会家破人亡。农民最需要钱的时候，是交税之前和“青黄不接”（旧粮已经吃完，庄稼却还没有成熟，不能收割）的那一段。于是商人冒出来“趁火打劫”，给农民放高利贷。

农民走投无路，也只能“饮鸩止渴”，去借高利贷，但利滚利根本还不上，田地就归商人了，农民不是沦为奴婢，就是流亡他乡。

所以晁错看不下去了：“今法律贱商人，商人已富贵矣；尊农夫，农夫已贫贱矣”。

农民是承担赋税跟劳役的“主力军”，要是逃光了，国家指望谁？

汉惠帝和吕后时期，商人子孙不能当官。然而帮汉武帝理财的，却是一群做大买卖的商人——

元狩四年，武帝让齐国盐商东郭咸阳、南阳铁商孔仅当了“大农丞”，主管盐铁的生产经营。负责盐铁事务的小吏，也就是他们的“小弟”，商人占比同样挺高。

汉武帝更加信任和器重的是桑弘羊。他出生于富商家庭，擅长心算，十三岁时就在洛阳出了名，所以朝廷下旨让他进宫（也有说法是他家花钱捐了个官），给武帝当伴读，后来做了大司农，掌管国家财政大权二三十年。

这些商人做了官，不代表商人的地位提高了，而是因为他们不光熟悉经济运作，对同行的各种小花招也心知肚明，圈起钱来自然利索，把想得到的漏洞都堵死了。

桑弘羊他们的一系列操作的确填上了财政上的窟窿，实现了“民不益赋而天下用饶”，意思是在不增加百姓赋税的情况下，国家的财政收入仍然充足。

例如，平定南越以后，当地人经常起来造反，每年都要调上万大军去镇压。这笔钱是大司农出的，来自均输和盐铁官营的利润，要是跟之前一样只靠收税，根本供不起。

武帝有一次巡游，赏赐下去“帛百余万匹，钱金以巨万计”，还是大司农“买单”。

想怎么撒钱就怎么撒钱，不用担心国库见底，皇帝当然开心了。然而，也有人不开心……

这当中一个很重要的人就是司马迁！

他的想法和桑弘羊几乎完全相反，他认为对百姓最好的做法是顺其自然，其次是因势利导，再次是进行教育，再次是用法令来约束他们的行动、使之符合规矩，最坏的做法是与民争利。

司马迁主张经济自由、尊重规律。

既然致富是人们的共同愿望，那么各司其职、扬长避短、分工合作就可以了。生产出来的东西越多，国家自然越富强，没必要硬去指挥大家干什么、不干什么。

对桑弘羊来说，司马迁虽然言辞犀利，却无关痛痒。真正的挑战，要等汉武帝去世以后才开始……

后元二年（前87），武帝临终前，指定了四位顾命大臣，辅佐才八岁的小儿子——昭帝刘弗陵。桑弘羊就是其中之一，不过说话最管用的，是霍去病的同父异母弟弟霍光。

桑弘羊跟另一位顾命大臣上官桀（jié）抱团，和霍光争权，斗得不可开交。

始元六年（前81）二月，霍光出招了：

他以昭帝的名义，提出要开一场讨论国家现行政策的大会，实际上是全面总结武帝时期的那些措施，给它们“写评语”。

这会开得，和打仗没两样！

一边是政府官员——七十多岁的御史大夫桑弘羊和御史、丞相史；另一边是“贤良文学”——各地推荐的中小知识分子，总共六十多人，他们来自民间，知道底层的日子有多苦。

大会上“火药味”最足的话题，是盐铁官营，所以后世叫它“盐铁会议”。

桑弘羊说，官府生产铁农具，是为了方便大家种田，这样就不至于缺吃少穿了。“国企”生产规模大、经费多，设备也先进，有技术优势。

贤良文学针锋相对地“诉苦”：官府铸造的铁农具都是大件，只求完成上面布置的生产任务，完全不在乎好不好用。而且，“国企”的铁农具成本高、质量差。农民拿着钝刀，“割草不痛”，生产效率低，大家怨声载道。

之前的民营小作坊比较诚信，要是对产品不满意，就不拿到集市上卖。农忙时，他们还会把铁农具运到田间小路上，品种齐全，付了钱立刻就能用。

现在不光选择余地缩小了，农民大老远去城里买铁农具时，管这事的官吏还常常不在，往往白跑好几趟，难得的农时也耽误了。

所以，穷苦百姓买不到铁农具，只能用木棒耕地、用手除草，粮食产量自然没以前高，收入也减少了。

官营的盐太贵，大家不舍得多放，饭菜都没滋没味。

一旦“国企”的铁农具卖不出去，官员为了刷政绩，就会强行摊派。百姓花了大价钱，请回家的却是废品。而且，官营作坊里干活的许多是囚犯，根本没有积极性，完不成生产任务。于是，负责这件事的小吏又逼农民去无偿打铁。

桑弘羊说，均输平准是为了“平万物而便百姓”，免去了运输贡品的麻烦。赚来的钱不仅花在了军队上，“赈困乏而备水旱之灾”靠的也是它。

贤良文学却反驳说，这“经”哪怕是好的，在地方上也整个儿念歪了——

以前向百姓收税，只收他们能生产的东西，比如粮食和布帛等。然而现在，均输法名义上收的是土特产，官吏为了牟利，却刁难百姓，只要当地没有的东西。

百姓只好贱卖掉自己生产的物品，拿钱去市场上另买，等于加倍受苦、重复纳税。中间环节越多，被吸走的“血”也就越多。

官吏和大商人勾结，以权谋私，乱发号令，关闭城门，垄断市场，什么东西都强行压价收购，结果民间物价飞涨。等市场严重供不应求时，他们再高价出售，大捞一笔，完全违背平准的本意，养肥了好多“蛀虫”。

官吏也能做生意，既当“裁判员”又当“运动员”，自然没法保证公平。

制度的动机再好，如果不能避免执行过程中出问题，就是失败的。

说到底，“盐铁会议”争的是基本国策——

桑弘羊觉得，盐铁官营这些是“国家大业”，政府应该积极治理，靠刑罚、武力、经济手段，打击豪强和匈奴这样的外敌，保证国家安全繁荣。

贤良文学觉得，国家不能“与民争利”，政府应该适当收缩，压低财政支出，靠道德教化解决问题。而且，如果对外扩张的成本大于收益，就应该叫停。

《汉书》里关于“盐铁会议”只有寥寥几笔。不过几十年后，当过庐江太守丞的桓宽依照当时的记录，编了本《盐铁论》。他精通《春秋公羊传》，算是儒生，立场也偏向贤良文学，然而对桑弘羊挺公平，“高光场面”都保留了，并没有把他写成小丑。

这场架为什么能吵起来?

一方面，汉武帝那条“国进民退”的路快走到头了，再不调整，就真会撞南墙。他的功业虽然不得了，代价却是“海内虚耗，户口减半”，百姓被压榨得太厉害，死的死逃的逃。而且官逼民反，各地出现了好多“盗贼”，朝廷非常头疼。

另一方面，霍光想打垮桑弘羊。他没法直接说的话，贤良文学可以帮忙说。

能有什么比釜底抽薪更管用——否定了桑弘羊坚持的一切，就等于否定了他这个人。所以，桑弘羊必须迎战。

最后谁赢了？

开完会，朝廷废除了榷沽（què gū，酒由政府专卖），允许百姓卖酒；也撤销了函谷关以内的铁官。其他措施都不变，桑弘羊并没有伤筋动骨。

可是他等于被霍光逼到了悬崖边上，政治威望受到不小的打击。第二年，桑弘羊参加了针对霍光的政变，结果失败，和上官桀一样，全家被杀。

这么一来，朝廷大事几乎都由霍光说了算。他的确调整了路线，不像汉武帝那么好大喜功了，而是让百姓休养生息。

昭帝和后来的宣帝时期，汉朝出现了“中兴”，元气渐渐恢复。

不过，经济政策事实上还是那些，桑弘羊的影响并没有一笔勾销。盐铁官营、均输平准之类增强国家能力的手段太好使了，谁掌权都舍不得放弃。

整体而言，贤良文学的主张在后世占了上风：

重农抑商；财政支出规模不能太大；实行“德政”，先把国内管好，别急着出去张牙舞爪……

可是哪怕改朝换代，政府也始终将卖盐的权力紧紧抓在手里。

面临危机时，桑弘羊加强管控的那一套就又“借壳上市”了，在后面的历史中，我们还会一次次看到它们。

新朝：理想主义者王莽的悲剧

昭帝、宣帝和后来的元帝在位时，西汉还算是太平。然而，悄无声息地，两种“不治之症”却越来越严重——

一种是奴婢太多。

奴婢，就是失去自由、必须无偿干活的人。秦汉时期，这个阶层身份最卑贱，像牛马、田宅、器物一样，是主人的财产。主人可以随意使唤、打骂、赠送、买卖他们，但是不能无故杀害，否则要负法律责任。

奴婢可以分成官府所有、私人所有两大类。数量最多时，官奴婢大概有十几到三十万人；私奴婢大概有两三百万人。

他们是怎么来的？

俘虏、罪犯及其家属可能被没入官府，成为奴婢。

例如汉武帝的托孤大臣之一金日磾（mì dī），本来是匈奴休屠王太子，他父亲答应投降汉朝，后来反悔了，于是被杀，他和母亲、弟弟都沦为奴婢。

平民要是被强抢或者被拐卖，同样可能变成奴婢。奴婢的孩子，通常还是奴婢。

很常见的一种情况是，农民碰上天灾人祸，倾家荡产，于是要么卖掉自己和妻儿，要么先变成流民，一段时间以后无路可走，只好去当奴婢。由于赋税、徭役太沉重，有些农民哪怕过得还可以，也会主动投靠富贵人家，求他们罩着。

商朝的奴隶就算再有才、再努力，也不可能改变命运，几乎都变成了献给神灵的祭品。

在汉朝，奴婢的上升通道却没完全堵死！虽说需要很多很多的本事和运气……

上文提到的金日磾就是一个很好的例子。他刚开始负责养马，后被汉武帝赏识，一路提拔，官至光禄大夫。汉武帝临终之际，下诏金日磾与霍光、上官桀、桑弘羊共同辅佐汉昭帝。

此外，汉武帝的皇后卫子夫是他姐姐平阳公主家的歌女，汉成帝的皇后赵飞燕是阳阿公主家的舞女；大将军卫青一开始也是“骑奴”（主人出门时的侍从），姐姐卫子夫得宠以后，才渐渐被武帝重用。

富贵人家养奴婢，很多是为了摆阔气——听歌看舞、让穿得漂漂亮亮的一大堆奴婢前呼后拥，或者让他们干家务活，并不从事生产。

元帝在位时，大臣贡禹说，吃闲饭的官奴婢有十万多人，天天“戏游无事”，反倒要“纳税人”出钱供着，简直是增加国家负担的寄生虫，应当让他们变回平民，自食其力。

然而更多奴婢没那么幸运，一年到头脏活累活干不完，吃不饱穿不暖，稍不小心就要被罚。

奴婢有的种田，有的放牧，有的盖房子、修路造桥，有的在官营作坊里“打工”，有的帮主人做生意。

另一种顽疾是土地兼并严重。

所谓土地兼并，就是指国家承认土地私有制，允许土地买卖。这样，有钱的权贵阶层就可以购买更多的土地。经过几百年的买卖，原本属于老百姓的土地都被权贵阶层大量买走了，结果，平民拥有的土地越来越少，甚至根本没有土地。

汉武帝为此也想了很多办法，比如，国家通过各种方式购买、占用大量土地，然后将它们出租给没有耕地的平民，即国家拥有土地所有权，而老百姓享有土地使用权。刚开始，这个政策还是有用的，百姓也算有地可种了，但时间一久，权贵阶层总是能优先租种土地，而底层的百姓无地可租，只能以更高的价格从有钱人手里租田。

西汉末年，拥有几百甚至几千顷良田的权贵不算少，百姓的生存空间快给挤没了，社会矛盾越来越尖锐。

哀帝在位时，大臣鲍宣说：“民有七亡（失去）而无一得，欲望国安，诚难；民有七死而无一生，欲望刑措，诚难。”百姓叫水旱灾害、瘟疫、贪官污吏、豪强、盗贼逼得喘不过气来。

都到这份上了，想要政治清明、天下安稳，根本不可能。所以百姓希望能有“圣人”出现，扫清这些不公平不正义，让他们过上吃得饱穿得暖的日子。

这时候，王莽“闪亮登场”了！

他其实是个“官二代”——

他的姑母王政君是汉元帝刘奭（shì）的皇后、汉成帝刘骜（ào）的母亲。

成帝登基以后，让王莽的伯父王凤当了大司马，位极人臣。史书说，“政事大小皆自凤出，天子曾不一举手”，意思是大小政事都由王凤决定，天子连举手表决的机会都没有。王凤的弟弟王商、王立、王根也被封侯，安享荣华。

汉朝有重用外戚的传统，皇帝祖母、母亲、妻子的家族都有机会参政。皇帝总得找帮手，不能自个儿累死累活。然而，宗室（同姓的兄弟叔伯）动不动造反，没血缘关系的大臣也可能抢班夺权，秦朝的灭亡就和宦官赵高有直接关系……一圈数下来，还是外戚相对安全。

王莽的父亲王曼早早就去世了，没赶上好日子。他的哥哥王永寿命也不长，所以王莽要养活一大家子——寡居的母亲和嫂子、侄子，还有自己的妻儿。

他当然算不上穷，然而和叔叔伯伯没法比。那些人相当“放飞”，声色犬马，奴婢上千，不学无术，胆大包天。

比如说，王莽的几个叔叔：成都侯王商生了病，居然敢求外甥成帝把明光宫借给他避暑静养；红阳侯王立父子家里藏了不少能打的亡命之徒，简直是“黑恶势力保护伞”；曲阳侯王根在豪宅里修了高大的土山，上面的渐台神似未央宫里的白虎殿，这是不折不扣的僭（jiàn）越，严格处理的话能掉脑袋。

王莽正好跟他们反着来！

他严格要求自己，刻苦好学，待人谦和，生活朴素，总是一副儒生打扮。

对外，王莽结交贤士，拿出不少钱接济贫寒的读书人；对内，他侍奉长辈、照顾晚辈都尽心尽力。所以大家都服气王莽，说他几乎是个完人。几百年过去，白居易写了首诗：“周公恐惧流言日，王莽谦恭未篡时。向使当初身便死，一生真伪复谁知？”

王凤去世以后，王商、王立、王根先后出任大司马，王莽 38 岁时也登上了这个位置，大权在握。

汉哀帝刘欣（成帝的侄子）继位以后，王莽被打压，回封地隐居。

可哀帝没当几年皇帝就一命呜呼了，王莽又“蹿”了起来，由“安汉公”到“宰衡”“假（代理的意思）皇帝”，终于在54岁时逼傀儡小皇帝将帝位禅（shàn）让给他，改国号“新”。

王莽相信，《周礼》之类的儒家经典里藏着“灵丹妙药”。只要照它们的说法实行改革，就能把国家的“疑难杂症”都治好，开创前所未有的太平盛世。

具体应该怎么做？

首先，解决土地和奴婢的问题！

他颁布了“王田令”和配套的“私属令”——

把全天下的土地改名“王田”，奴婢改名“私属”，都禁止买卖；

男丁不满八口，占有的土地却超过“一井”（900亩）的，要把多出来的那些匀给没有土地的亲戚和邻居；谁要是敢说法令的坏话、影响推行，就流放边疆。

先前哀帝在位时，也颁布过类似的法令，核心思想是限田、限奴婢数量，可能就是王莽的主意，也可能是继任者师丹提出的——

除了皇帝，任何人占有的土地不得超过30顷；诸侯王拥有的奴婢

不得超过200名，列侯、公主的奴婢不得超过100名，关内侯和各级官吏、平民的奴婢不得超过30名；商人不准拥有土地，也不准当官；政策缓冲期为三年，之后要是违规，土地、奴婢都由官府没收；官奴婢年龄超过50岁，就可以变成庶人，获得自由。

王莽的“王田令”其实是西周时期“井田制”的一种变体。

西周时期，全天下的土地名义上都属于天子，被层层分封给贵族。用道路、水沟之类，把土地划成整整齐齐的方块，像一个个“井”字。井田不可以随便转让或买卖。周围的八块叫“私田”，收成归农夫所有；中间的那块叫“公田”，八家一起耕种，相当于出力抵税，收成归领主所有。正如《孟子》记载，“方里而井，井九百亩。其中为公田，八家皆私百亩，同养公田。公事毕，然后敢治私事”。

到了春秋时期，铁农具和牛耕越来越普遍，生产效率也越来越高，不一定非得好多户“抱团”才能活。有些小家庭开垦了大片荒地，当成

“私田”，把心思都花在这上头。“公田”慢慢没人管了，国家财政就碰上了麻烦。

所以，管仲在齐国推行“相地而衰征”，也就是不管公私，一律按照土地的面积、好坏来收税。

鲁国的“初税亩”和这差不多，楚国、秦国、郑国也相继开展了类似的改革。

到了战国，竞争更加惨烈，不想灭亡，就得富国强兵。各国都鼓励“耕战”，要想提高大家的积极性，就必须承认“私田”合法。

李悝（kuī）首先在魏国变法，商鞅也在秦国下令“废井田，开阡陌”。

秦始皇统一六国以后，在公元前216年下令“使黔首自实田”，意思是让百姓如实申报自己占有多少土地。土地私有制就这么成了主流。

有学者提出，“井田制”可能没有真正执行过，只是后人编出来的一种理想化的制度。然而王莽和许多儒生都相信，只要继承井田制的精神，就能解决贫富差距问题。

王莽觉得，“天地之性人为贵”（世上以人最为宝贵），而奴婢在市场上“与牛马同栏”，处境非常凄惨，完全不符合儒家的“仁”，简直让人看不下去。

哀帝在位时推行的限田、限奴婢的政策，很快就不了了之。为什么？

因为哀帝带头违反规定，一次就赏给宠臣董贤两千顷良田，是限额的几十倍。另外，既得利益者当然不乐意把到嘴的肉吐出来，纷纷变着花样敷衍。

那王莽这次又怎样呢？

仅仅三年以后，“王田令”和“私属令”就形同虚设了。想按照规定分配土地，就得先把它们丈量清楚，不能一拍脑袋就决策。这需要很多忠诚而且有技术的人，要花很多经费、很多时间，但是王莽都没有。

大体来说，王莽上台是“和平过渡”，之前的利益集团都还在，快把全天下的资源分光了。王莽要动他们的“蛋糕”，当然会遭到抵制。

在王莽看来，“资本”是万恶之源，会让富人越来越富、穷人越来越穷。所以，他要实行“六筦（guǎn）”，也就是经济上的六种管制措施，来“损多余而补不足”。

前三种是盐、酒、铁的国家专卖权。

第四种是名山大泽相关产品的所得税，后来扩大到几乎所有工商部门的所得税：捕鱼、狩猎、畜牧、采药、养蚕、织布、做针线，还有当工匠、医师、算命先生、商贩等，都要上缴利润的 10% 作为税收。

第五种是“五均赊贷”。当时的“一线城市”是长安、洛阳、临淄、成都、宛城（现在的河南南阳）、邯郸，国土的东南西北中都覆盖了。把这六座最繁华城市的市场管理者改成“五均司市师”，手下的“交易丞”负责平衡物价，“钱府丞”负责国营贷款。

要是粮食之类的生活必需品供大于求，“交易丞”就要以保护价收购，存储起来，防止谷贱伤农；等供不应求时，再平价售出。要是百姓差钱，可以去“钱府丞”那里借，免得被奸商坑。借的钱如果用在祭祀、丧礼上，则不收利息，但还款期限比较短；如果用来谋生，例如买农具，则年利率不超过10%。

看起来，这些政策似乎跟汉武帝时推行的均输平准、盐铁官营差不多，但王莽和智囊团却说，它们的“灵魂”完全不一样！

桑弘羊那帮“聚敛之臣”一心求利，跟强盗似的，把社会风气都弄坏了。而王莽以道义为先，目标是打压商贾，不让某些人赚钱太容易。在儒家眼里，农业是“本”，工商业是“末”。要是出于眼前利益“舍本逐末”，社会早晚乱套。所以官府要通过限制“末”，让大家回归“本”。

第六种是货币改革。这最麻烦，惹出的乱子也特别多。

当皇帝之前，王莽在居摄二年（7）铸造了三种货币，和原先的五铢钱并行。

“大泉五十”重12铢，却可以兑换50枚五铢钱；“契刀五百”可以兑换500枚五铢钱；“金错刀”可以兑换5000枚五铢钱。金错刀上面用金丝嵌着“一刀平五千”字样，精致华丽，所以很讨后世收藏家喜欢。东汉时期，张衡就在《四愁诗》里写道：“美人赠我金错刀，何以报之英琼瑶。”

大泉五十

契刀五百

金错刀

他登基之后，觉得汉朝皇帝的姓“刘”（繁体字是“劉”）里包含着“金”和“刀”，想要避开，于是把两种“刀币”和五铢钱都废止了，发行新的“小泉直一”（重1铢），和“大泉五十”并行。

这相当于市面上只有50元和1元两种面值的钞票，古人又不能“电子支付”，使用起来当然不方便！

怎么办？让货币的面值更丰富些吧……思路没问题，然而王莽玩过了头！

始建国二年（10），他搞出了“五物六名二十八品”，统称“宝货”。“五物”就是能当钱使的五种材料：金、银、铜、龟、贝。“六名”就是六个币种：金货、银货、龟货、贝货、布货、泉货（最后这俩是用铜铸造的）。“二十八品”就是它们六个还有不同的币值：金货一品、银货二品、龟货四品、贝货五品、泉货六品、布货十品。龟货、贝货看的是尺寸，其他看的是重量，然而实际重量并不等于面值。

这样的货币体系实在太烦琐了，要是不识字，拿到了钱都不知道值多少。各币种之间的换算和找零也非常复杂，所以百姓很不高兴，又开始偷着用五铢钱。

一段时间以后，王莽也意识到币种太多了，于是废止了龟货、贝货、布货，只留下金货、银货、小泉直一和大泉五十。

始建国天凤元年（14），他终于不折腾了，规定常用货币只有两种：重5铢的“货泉”，面值是1（其实就是五铢钱）；重25铢的“货布”，面值是25。绕了一大圈，又回到原点。

货泉

货布

改来改去，百姓完全被他搞糊涂了，货币不能流通，“农商失业，食货俱废，民人至涕泣于市道”。

王莽却不在乎。他和不少儒生一样，觉得货币是万恶之源，如果能把大家对货币的信心彻底玩没，回到以物易物的时代，那么社会岂不是更公平！

而且，王莽发行的几种新钱都重量小、面值大，事实上等于贬值。国家通过收“铸币税”，把财富集中到自己手里。在他看来，这同样是为了缩小贫富差距——穷人本来就没什么好失去的，有钱人一轮轮下来，“出血”才多，越有钱，“出血”越多。

一旦出现虚值的大额货币，民间就有了盗铸的动力。把五个“货泉”重新铸成一个“货布”，就能多赚20，更别说重量只有16～18铢的“契刀五百”了。

针对盗铸，王莽颁布了严苛的法令。一开始说都要处死，后来规定，犯人和妻儿没为官奴婢，同伍（古时候的基层编制单位，五家是一伍）的人要是不告发，跟犯人同罪。

各郡国送往长安钟官（主铸钱之官）的这类奴婢有十几万，男子坐着槛车（一种囚车），妻儿步行，脖子上挂着铁打的锁链，景象非常凄惨。到达以后，小家庭就被拆散，史书记载，“愁苦死者”有十之六七。

王莽选来执行“六筦”的，都是富商。然而跟桑弘羊一比，这些人不管能力还是见识都差远了，有的贪污，有的暴虐，忙着以权谋私，结果百姓只能体会到改革的坏处，自然怨声载道。

经济形势和社会秩序已经整体性恶化了，王莽却火上浇油。他觉得“天无二日，土无二王”，于是把周边少数民族统治者全降封为侯，还乱改名号，匈奴单于成了“降奴服于”，高句丽王成了“下句丽侯”，都带有侮辱性，无异于公开“打脸”。

所以大家纷纷急眼了，北边的匈奴、西域各国、西南地区的句町（可能在云南、广西一带）要么跟王莽长期对峙，要么真刀实枪干仗，战火简直把国土围了一圈。

这仗一打就是十几年，新朝彻底陷进泥潭：边境郡县给打了个稀巴烂，百姓流离失所。国库里的钱哗啦啦往外淌，于是征税越来越重。

百姓还可能应召入伍，一不小心就没了性命。种地的人变少，财政压力就更大，出现了恶性循环。

帝国的“造血”功能没有了，还一直“失血”，当然长久不了。

雪上加霜的是，王莽统治末期，连年发生大规模旱灾和蝗灾，粮价飞涨，一斛粟米能卖到一斤黄金的价格。史书记载，当时“富者不得自保，贫者无以自存……”战斗死亡、陷罪、饥疫，结果“天下户口减半”。

百姓纷纷揭竿而起，反抗朝廷。他们有的因为触犯了相关法令，所以逃亡；有的实在吃不上饭，想离开家乡碰碰运气。

农民军主要有两支，北方的叫“赤眉军”，南方的叫“绿林军”。后世小说里的“绿林好汉”，就和这有关。“绿林军”后来又分成两支，往北去河南的叫“新市兵”，向南去湖北的叫“下江兵”。后来湖北境内又出现了“平林兵”和“舂（chōng）陵兵”，滚雪球似的，声势越来越大。

王莽的统治岌岌可危。

他实在没什么好办法了，就按照《周礼》和《左传》的说法，在国家有大灾难时，通过向天号啕大哭来厌（yā）胜（通过巫术达到目的）。他领着百官捶胸顿足，哭得上气不接下气，坏消息却越来越多。

长安被各路起义军围困，变成了一座孤城。城里也有许多人响应，说要拿下“反虏”王莽。王莽在未央宫里的渐台上被杀，终年 68 岁。他建立的新朝，寿命只有短短 15 年。

王莽为什么会输?

他沉迷儒家那一套理念，却没想好该怎么具体执行，结果严刑酷法、用人不当，走到了“仁政”的反面，坑害了百姓；不尊重经济规律，以为想怎么样就能怎么样，完全不考虑实际情况，搞得天下大乱，百姓当然讨厌他。

东汉：照着王莽开的方子抓药，居然灵了？！

十几年乱世过去，笑到最后的是“春陵兵”领袖刘秀，史称汉光武帝。他是刘邦的九世孙，相当于给汉朝“续上了命”。他选的新都城洛阳在长安东边，所以后世把他开创的王朝叫作“东汉”。

天下再次统一以后，人口锐减，社会疲惫不堪。刘秀说，他要跟王莽反着来，将那些严刑酷法都扫进垃圾堆，学习先祖文帝和景帝，采用黄老的无为而治，给百姓休养生息的机会。

从建武二年（他登基的第二年）到十四年，刘秀下了好多道诏令，叫大家释放奴婢——

无论是因饥荒穷苦而“嫁妻卖子”的，还是王莽在位时没为官奴婢的，或是被拐走或劫走的，都可以恢复自由。谁要是抗命不放这些奴婢离开，就按“略人法”（禁止强夺良民当奴婢的律令）论罪。

刘秀还尽力保护奴婢，不让主人残害他们。他从小在民间长大，可能亲眼见过奴婢有多悲惨，所以心生怜悯。他下旨，如果谁敢虐待奴婢，比如拿烙铁之类去烫奴婢，不光要负法律责任，受害者也可以获得自由。

是不是挺眼熟的？有人说，这些政策其实就是王莽没能执行到底的“私属令”，不过更加务实靠谱。奴婢的数量的确减少了，地位也的确提高了。

两个顽疾，解决了一个，对另一个，刘秀也开战了——

建武十五年六月，他实行“度（丈量的意思）田”政策，下令各州郡清查人们占有土地的数量，以及户口、年岁（这跟算赋、口赋有直接关系），目的是防止豪强过度兼并土地和偷税漏税。

这个做法简直是一箭双雕：不光能“摸清家底”，方便收税，还能打击地方大姓的气焰，免得再出现军阀割据。

然而，实际办事的那些太守、刺史大多是豪强，他们自然不乐意“割肉”。所以跟糊弄汉武帝、王莽似的，好好的法令在他们手里完全变了样——他们“柿子拣软的捏”，不去招惹大户人家，就逮着老百姓欺负。

有人甚至打着丈量土地的旗号，让农民聚到田里，连房屋、村落也一并“度”了进去，好把豪强少报的土地补回来。农民当然不干，拦在路上呼天抢地。

各郡分头派使者进京汇报情况，刘秀发现陈留官吏的简牍里夹着一张“小抄”：“颍川、弘农可问，河南、南阳不可问”。他对此摸不着头脑，就责问官吏是怎么回事。没想到官吏头“铁”得很，硬说是在长寿街上捡到的。

这谎编得太潦草，刘秀自然非常愤怒。东海公刘阳（刘秀的四儿子，后来改名刘庄，就是明帝）当时只有十二岁，在帷帐后面说：“领导指示他，在‘度田’的事上要看人下菜，找个参照物比着，免得报上来的数字太离谱。”

刘秀听了还是有些困惑：“河南、南阳为什么不能问？”

刘阳对答如流：“河南是都城，高官近臣多；南阳是您老家，皇亲国戚多。这些人都惹不起，就算圈占的田超标了，也不好深究。”

刘秀让侍卫再去审那官吏，他被揭了老底，只好招供，跟刘阳说的差不离。于是刘秀派出谒者（类似钦差）去各地查账，看有哪些“父母官”徇私枉法。“老虎”抓出来一长串，“苍蝇”更不用说了。那年十一月，刘秀想杀猴给鸡看，首先拿大司徒欧阳歙（xī）开刀。

这位可不得了，是追随光武帝打江山的功臣，而且家传《尚书》，“学为儒宗，八世博士”。他之前是汝南太守，因“度田不实，赃罪千余万”而被投入监狱。入狱后，上千儒生守在宫门前痛哭流涕，为他求情，甚至有人表态乐意替他去死。

哪怕得罪全天下的读书人，刘秀也在所不惜。没多久，欧阳歙死在了监狱里。第二年，光武帝又杀了十几个“度田不实”的太守，并免职了一大批官员。

“保护伞”彻底没了，豪强们干脆造反，玩起了“游击战”：官军去讨伐，他们就散开藏起来；官军一走，他们就继续作乱。

半壁江山都快乱套了，怎么办？

刘秀出招了——

他派钦差传令，“群盗”可以戴罪立功，如果杀掉同伙，就能获得赦免；地方官吏也可以将功补过，只要现在能消灭“群盗”，之前无论是有意纵容，还是弃城而逃，都可以不追究。

这么一来，豪强“窝里反”了，内讧不断；地方官吏也松了口气，开始积极镇压。

大乱平定以后，光武帝下旨，将领头闹事的人全家迁到其他州郡，并重新分配土地。他们被“连根拔起”，之前的人脉都带不走，自然大伤元气，没法再蹦跶。

“度田”政策成功了吗？

一方面，这种制度维持了下去，史书里能找到东汉不同时期的全国户口数、垦田数，看起来挺精确的。

北宋人称赞道，光武帝“易凶岁为丰年，变乱代为治世”。后来的明帝、章帝两朝算得上太平盛世，开国时父子流亡，夫妇离散，家园变成废墟，田地荒芜的凄凉景象，基本看不到了。

另一方面，刘秀没把事情做绝，等于双方各让一步。

东汉的最高户口数、垦田数都比西汉末要低，而经济实际上更加繁荣，这只有一个解释：被豪强隐瞒下来的土地和人口都挺多的。

光武帝之所以能坐天下，离不开世家大族的支持。所以，他说话就没有武帝刘彻管用了——

在这位祖宗面前，将相纯粹是“打工人”，想撤想杀都容易；而刘秀的不少大臣，特别是南阳老乡，都攥着“原始股”，一直吃红利。朝廷要对付豪强，自然有顾虑。

光武帝的皇后阴丽华的娘家有超过 700 顷田。他的儿子济南王刘康有超过 800 顷田，还养了 1400 多个奴婢和 1200 多匹好马，挥金如土；明帝皇后（父亲是名将马援）的几个兄弟也是奴婢上千，资产巨亿，还拥有京师大片肥田。

东汉时期出现了许多大庄园，简直像是“独立王国”。里面不光有耕地，还有山林川泽，农林牧副渔都可以搞起来——

种植粟、黍、大小麦、豆等粮食，瓜、葵（不是明朝末年才自美洲传入的向日葵，是冬葵，在古代相当重要）、韭、葱、蒜、芜菁（wú jīng，俗称芥菜疙瘩）等蔬菜，胡麻、红蓝花（可以做化妆品和染料）等经济作物，枣、桃、梨等果树，松、柏、桐、漆、榆、桑等林木；养着马、牛、羊、鸡、狗、猪等家畜和家禽。另外，织布、做衣服鞋帽、磨面、配药、酿酒、生产饴糖和酱醋都可以在大庄园里面完成，自给自足，不出门也没问题。

农产品未必都由自己人消耗掉，还会往外卖，有些地主还做生意、放高利贷。

地主和佃农常常是同姓，表面上有亲戚关系，其实贫富悬殊。地主可以自定刑法，谁不听命就罚谁。

有的大庄园会修成“坞堡”，就像一座结实的小城，四周有围墙和深沟，还盖了高高的望楼和角楼。要是天下大乱，把“坞堡”的门一关，里面有吃有喝，可以坚持好久。保卫它的人叫“部曲”或者“家兵”，是从佃农里挑出来训练的。

之后的三国两晋南北朝，大家都缺乏安全感，据险自守、躲避战火成了“刚需”，“坞堡”越来越流行。

史学大家陈寅恪说，陶渊明笔下的桃花源，没准就是一座与世隔绝的“坞堡”。

差不多的政策，为什么王莽一败涂地，而刘秀在一定程度上成功了？个人性格、执行力等因素固然重要，可更重要的是，刘秀那时候要养活的人口少多了。

王莽代汉以后，拿原先的利益集团（特别是地方上那些）没办法。一场又一场仗打下来，许多利益集团灰飞烟灭，刘秀能掌握的资源更加充足。

王朝的衰败往往是由于人口太多，土地兼并严重，导致百姓没饭吃，于是引发各种动乱。折腾上几年甚至几十年，人口锐减，土地重新分配，于是大家又可以安心种田，去迎接下一个"盛世"。

这就是中国历史的"周期率"，几千年来，一直没能跳出这个恶性循环。

补充一个"冷知识"，在西汉，国库里的资金即便是皇帝也不能随便动用！政府财政和皇室财政是分开管理的——

政府财政的负责人是大农令（汉武帝时期改称大司农），其收入来源包括田租、算赋、更赋（要是不能服兵役，可以出钱，由政府雇人顶替）；而皇室财政的负责人是少府，相当于皇帝的管家，与大农令同为"九卿"之一，其收入来源包括山林川泽和皇家苑囿（yuàn yòu，养动物、栽花种树的园子）的物产、口赋、园税（针对漆树等经济作物的农业税）、市井税（房租跟商业税）。

少府下面有一大堆部门，把能想到的皇室大小事务都包圆了：尚书负责收发奏章和诏令、太官是御厨、汤官负责做糕饼、黄门管宦官、东园造棺材和随葬品、尚方则生产新奇贵重的器物……

给《汉书》作注的唐朝人颜师古说得好：“大司农供军国之用，少府以养天子也。”

少府 汤官 黄门 尚方

原则上，这两笔钱井水不犯河水。然而实际上，互相挪用的情况并不少。要是皇帝拿“小金库”去处理公务，是会受表扬的，像武帝将原本归少府的盐铁收益转交给大司农（相当于带头捐款抗击匈奴）、宣帝自掏腰包为建造平陵（昭帝墓）时“拆迁”的百姓盖新房子。

然而到了东汉中后期，桓帝、灵帝越来越糊涂，也越来越铺张，干脆拿办国家正事的钱供自己吃喝玩乐。诸葛亮在《出师表》中批评的反面典型就是他们：“亲小人，远贤臣，此后汉所以倾颓也。”

国库里的钱也花光了怎么办？灵帝索性开始明码标价卖官。曹操的父亲曹嵩，就曾花一亿钱买到了太尉这一高官职位。

那些花钱买官的人下了血本，当然不乐意吃亏，会在任期内尽量捞回来，最终受苦的只有百姓。

这种状况必然长久不了！朝廷失尽人心，群雄并起，东汉灭亡，三国时代开始了。

三国：你不知道的“货币战争”

说起三国，你会想到什么……

金戈铁马？运筹帷幄？斗智斗勇？然而，历史真的像演义那么简单直接吗，仅凭谁手下文臣武将厉害就能赢？

实际上，“不流血的战争”同样重要——

军队的粮食供应如何保障？军费从哪里来？后方百姓还能撑住吗？这些经济问题要是解决不好，再厉害的武艺、再精妙的计谋都不管用。

打仗不像下棋那么简单，棋子没有拖着粮草供应的大尾巴，能说走就能走！打仗是整体国力的比拼，要是底子太薄，战略选择的余地就小，哪怕每一步都算对了，也会被“容错率”更高的敌手活活拖垮。

东汉使用的是什么货币？

建武十六年（40），光武帝开始重新铸造五铢钱。然而见识了王莽时期的货币混乱，大家对货币失去了信心，常常拿粮食、绢帛之类实物当钱用。

东汉末年，董卓进京掌权以后，发行了粗制滥造的小钱，靠这搜刮民间财富——钱轻，孔大，丢进水里都不会沉，下手重点儿就能捏碎，上面没有文字或者字迹模糊，也没有内外郭。

董卓拿来铸钱的铜料，除了之前的五铢钱，还有各种铜器，甚至包括几百年前秦始皇收缴天下兵器造出的十二个铜人。金属货币如果稳定可靠，哪怕发行数量多了点，问题也不严重，因为它们有贮藏的职能，能囤起来，暂时退出市场，不影响物价。

可董卓发行的货币，怎么看都不像正常钱，大家害怕以后会作废，因此一拿到手就赶紧去换成实物，结果物价飞涨，一斛（hú）粮食能卖到数十万钱。

货币经济本来就只剩一口气，这下子彻底给“玩死”了，经济倒退回实物交换的状态。

曹操统一北方以后，法定货币变回了五铢钱。可是由于已经很长时间不铸新钱了，货币数量严重不足，导致通货紧缩，物价止不住地下跌，只能叫停。

他儿子魏文帝曹丕在位时，也试着恢复五铢钱的流通，但同样失败。

可是，就算以物易物，不法商人也能玩出一堆花样牟取暴利，即使使用严刑峻法，收效也不明显。

绢帛被织得极薄，粮食被打湿增重，这些行为严重扰乱了市场秩序。面对这种情况，明帝曹叡（ruì，曹丕的长子）采纳了司马芝（司马懿的同乡）等大臣的建议，铸造了“曹魏五铢”。民间做买卖方便了点儿，不过市场依然萧条，政府税收和百官俸禄仍用实物，货币在经济当中占比很小。

刘备刚拿下蜀地时，因军费不够而天天发愁。

属下刘巴提议，铸造面额比较高的钱，最大化利用手上的资源！由于铜、铁等金属是关键的军需物资，优先级比铸钱高，所以不管哪方，对货币的态度都经常是“将就着用”。

建安十九年（214），刘备发行了“直百五铢”。这种货币重约6.4克，只是当时流通的蜀五铢（可能是刘焉、刘璋父子所铸）的三倍重，却能兑换一百枚蜀五铢。

刘备开开心心收“铸币税”，迅速充实了国库，《三国志》说，不过几个月，仓库就满了。由于铜料极度缺乏，据说刘备连挂蚊帐的铜钩都摘下来，拿去铸钱了。

发行“直百五铢”的决策非常仓促，没时间做新钱范，干脆在旧范里头挑了个比较厚重的，所以原有的“五铢”二字是小篆，新加上去的“直百”二字是隶书。一枚钱上有两种字体，就是从它开始的。

乱印纸币会导致通货膨胀，我们都知道。那本身就值钱的金属货币能“放水”吗?

可以的！手段有两种：一是重量不变或者稍微增加，面额却翻好多倍，让它变成虚值大钱；二是面额不变，却减轻重量，或者掺入没那么贵重的金属。

“直百五铢”不光能在蜀国使用，还被商人带到了境外。对不怎么使用货币的魏国影响不大，但对吴国造成了严重损害——

“劣币驱逐良币”，吴国的五铢钱（是汉朝留下来的）被大批大批偷运到蜀国，重新铸成“直百五铢”，再流通回来换取吴国的商品。

两种货币的购买力相差太大，谁做生意用五铢钱谁赔本。长此以往，吴国的钱就会越来越少，出现通货紧缩。而且“直百五铢”泛滥，一旦掐住了经济命脉怎么办?

孙权急眼了，索性“以其人之道还治其人之身”——嘉禾五年（236），他铸造了“大泉五百”。赤乌元年（238），又铸造了“大泉当千”。后来还出现了“大泉二千”和“大泉五千”，面额夸张程度快赶上王莽时期了。

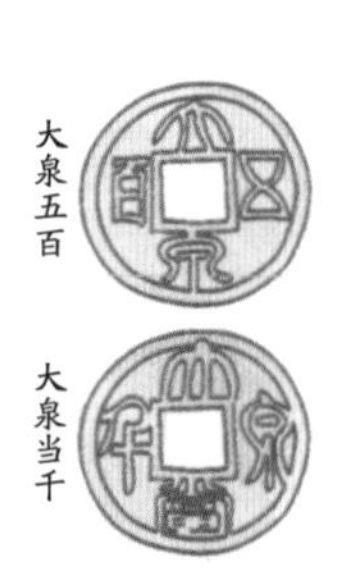

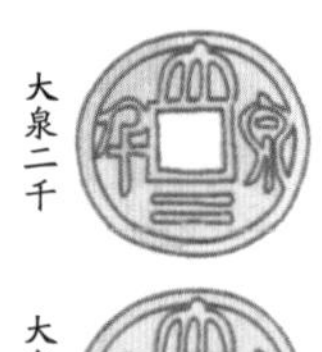

按规定，“大泉五百”重 12 铢，“大泉当千”重 16 铢，贬值幅度比蜀国还离谱，就是希望货币反过来流向蜀国。

蜀国自然不乐意吃亏，于是也出了招——给“直百五铢”减重，只有 1 克甚至 0.5 克了。

“货币战争”愈演愈烈，吴国较着劲儿减重，最轻的“大泉当千”不到 4 克，“大泉二千”不到 6 克。

这么闹下去，杀敌一千自损八百，国内经济直接乱套。各种大钱的面额和重量严重不符，根本用不了，百姓纷纷罢市，拒绝被“割韭菜”。

孙权意识到可能要出事，在赤乌九年叫停了大钱的发行，已经发行的由官府收回，重新铸成铜器，如果上交大钱，可以得到相应的补偿。吴国的货币也和魏国一样，变成了谷物、绢帛等实物。

蜀国后主刘禅也另铸了“直百”和“直一”两种新钱。“直百”有 2 克多，“直一”有 1 克多，虽然货币减重的势头收住了，但仍然很轻。传世的“直百”比较多，“直一”很少见。也是，重量差一倍，面额却差一百倍，不管是政府还是民间那些偷偷铸钱的人，都会选更有利的方案。

靠虚值大钱解决问题，就像饮鸩止渴，早晚会“暴雷”。这个道理蜀国君臣未必不清楚，那为什么要“一条道走到黑”呢？他们实在没有更好的办法。

东汉时期，全国共有 13 个州，魏国差不多占了 9 个（司州、豫州、冀州、兖州、徐州、青州、凉州、并州、幽州），吴国占了 3 个（荆州、扬州、交州），蜀国只有 1 个，就是益州。“家业”比不过别人，又连年征战，花钱如流水，要是不这么玩，政府没准已经“破产”了。

诸葛亮为了增强国力，采取了许多措施，把“一手小牌”打得更漂亮——

他大力发展蜀锦，来圈魏国和吴国的钱。蜀锦不光是高档奢侈品，还是能换东西的“硬通货”。曹操和孙权都经常拿蜀锦赏赐部下。原本北方有好几个丝织业中心，然而中原战火不断，生产大受影响。蜀地一直比较安稳，丝织业就独步天下了。

诸葛亮在《言锦教》里说：“今民贫国虚，决敌之资，惟仰锦耳”，把它当成重要战略物资，还设立了“锦官”，专门抓这件事。成都因此得名“锦官城”。

面对“贸易逆差”，曹丕不高兴了，特意写了篇《与群臣论蜀锦书》，核心思想是，蜀国卖过来的锦好多是伪劣产品，魏国的锦也不差，没必要特意买蜀国的，白白给他们送军费！

但大家对蜀锦的追捧却没那么容易“刹车”，资源继续哗啦哗啦往蜀国流。

诸葛亮还整修水利，让粮食增产。北魏郦道元的《水经注》记载，诸葛亮北征，觉得都江堰是“农本，国之所资”，派了一千多人看守，设立“堰官”，负责日常维护。据说他当年用于清淤的石标尺，直到20世纪80年代才被按原样仿制的不锈钢标尺替换。诸葛亮在成都平原上兴建了不少水利工程，蜀地成为“天府之国”，他功不可没。

此外，他还实行盐铁官营，给政府“创收”。东汉时期，盐铁是私营的，让豪强控制了。刘备入蜀以后，又把它们的经营权拿了回来。

蜀国盛产井盐，魏国和吴国吃的盐，有相当一部分也来自蜀国。

西晋张华的《博物志》里说，临邛（qióng）有一口“火井”（其实是天然气），诸葛亮亲自去查看，“执盆盖井上，煮盐得盐”。这说的就是临邛在开凿井盐的过程中意外发现了天然气，诸葛亮便让人用天然气来煮盐的事。

要论打仗，历史上的诸葛亮未必跟演义里一般神机妙算，但论发展经济，他的确是一位高手。

在欧亚大陆的另一头，古罗马的货币是什么样子？

大约在公元前 4 世纪末，古罗马仿效古希腊，开始制造货币。在此之前他们用的是牛羊、青铜块等实物。古罗马货币上的图案形形色色，有船首（象征缴获的战船）、罗马城、各路神灵……到后来，帝王会把自己的侧脸肖像印在钱上，好让百姓认识他们。

古罗马的货币是用锤子敲出来的——

熔化金属材料，浇铸成圆形坯饼，然后把烧热的坯饼塞到雕有图案和文字的两个模具槽中间，用锤子使劲敲打，让图案和文字压印到坯饼上。最后对每一枚货币进行剪边、称重、校正，这样货币就制作完成了。

和中国的货币相比，古罗马货币上的图案和文字更复杂、更精细，但“品控”却没有抓好，导致市面上几乎找不到两枚完全一样的硬币。

罗马帝国建立以后，形成了一套新的货币制度。货币有金币、银币、山铜（一种铜锌合金）币、纯铜币，它们之间可以照固定面值比率进行兑换。

巧合的是，古希腊银币“德拉克马”和古罗马银币“第纳尔”都是4克左右，跟我国的五铢钱差不多，可见大家都发现这个重量最合适。

随着帝国衰落，军费之类的开销越来越大，银矿也快枯竭了，古罗马的货币开始变着花样注水，或者减重，或者往里掺较便宜的金属。例如，“第纳尔”的银含量起初能达到98%，到3世纪时降到了2%，导致物价飞涨，商业瘫痪。

到了3世纪末，皇帝戴克里先（Dioclecian）觉得这么下去帝国要亡，于是发行了一套高纯度的金银币。然而大家都把新钱储藏起来，不舍得花，通胀问题完全没解决。他生气了，颁布法令限定几千种商品和服务的最高价格，违规者将被判死刑。可是规定价格比实际成本低太多，大家根本不买账。他干脆“破罐子破摔”，转而实行配给制，通过征收实物税让军队和政府吃饱，而普通百姓只能自生自灭。

可见，无论文化差异有多大，在经济方面，“底层逻辑”是相通的！

三国：屯田，乱世的“保命方”

东汉末年，最大的难题就是缺粮。

史书说，当时“诸军并起”，完全没有长远计划，饿了就去抢东西，饱了就把吃不完的都丢掉。所以，很多势力不等敌人来打，自己就散伙了。

袁绍占了黄河以北，手下靠吃桑葚活命。他的弟弟袁术在江淮一带，军队给逼到了捞河蚌等水生动物充饥的地步。能吃的都给搜罗一空以后，百姓实在没办法，只好吃人肉，出现了无数惨剧。

为什么会缺粮?

庄稼从播种到收割，需要很多时间和精力。碰到战事，百姓就会因恐慌而逃散，干不了农活。于是庄稼要么烂在地里没人收获，要么让乱兵祸害了，或者错过农时长不好。

就像前一篇里提到的，三国群雄相争，经济比军事还重要！谁最擅长筹集军需，谁就最可能是赢家。

那么，资金和物资从哪里来?

一开始，董卓他们主要靠掠夺，将民间的财富都拢到自己手里。但这无异于竭泽而渔，必然不是长久之计。如果百姓不能恢复生产，光靠“吃老本”，能撑多久？不管是谁，能建立稳定持久的财政体系、让民间重新开始“造血”，才有指望一统天下。

在这方面走在最前面的是曹操。他曾说：“夫定国之术，在于强兵足食。秦人以急农兼天下，孝武（指汉武帝）以屯田定西域，此先代之良式（好榜样）也。”

屯田是怎么回事?

就是由官府组织军队或农民垦荒，拿一部分收成当军饷或者税粮。

早期的屯田主要集中在边关——从内地运粮路途遥远，损耗大，划不来，不如就地耕种；这样也能缩短补给线，降低被敌军切断的风险。

屯田政策最早是由晁错提出的：让一些没有土地的百姓迁到西北地区，定居种田，以养活士兵，慢慢积累对抗匈奴的底气。这样既解决了流民问题、维护了社会治安，又能给国家创收，实现了“双赢”。

汉武帝在元狩四年（前 119）击退匈奴以后，安排了 60 万士兵在西北屯田，让他们一边守卫国境一边自给自足，免得不打仗时无所事事。

后来的昭帝和宣帝，还有东汉的明帝、和帝、顺帝也都延续了这种做法。

内地屯田的开端是建武四年（28）冬天，马援请求带着宾客去上林苑屯田，光武帝答应了他。

到了献帝建安元年（196），曹操募集流民，在许都（现在的河南许昌一带）周围屯田，“得谷百万斛”。尝到甜头以后，他在各州郡设置了“田官”，开垦大片无主荒地，把生产的粮食储存起来，确保军队出征时不会饿肚子。

曹魏时期的屯田有军屯、民屯两种，都采取军事化管理——参加屯田的农民叫“屯田客”，五十人为一屯，集中干活。他们不能随意搬家，类似农奴，按土地的实际收获量上缴地租，用官牛耕地的，官府和农民按六比四分成，用私牛耕地的，五五分成。

官府拿走的真多，对不对？然而百姓也别无选择，这总比流离失所、衣食无着要强。这就像交保护费，在乱世中，有军队“罩着”才能安心种田，不然收成越好就越容易被抢，白白便宜了别人。

参加屯田的士兵叫“屯田兵”或者“士”。他们另立户籍，被称作“士家”，社会地位卑贱。“士”的子子孙孙都要终身当兵，寡妇和女儿也必须嫁进“士家”。如果“士”出征或者到边境屯田，妻儿必须留在都城附近当人质。如果“士”逃亡或者投降，妻儿就会受罚，重则掉脑袋，轻则沦为官奴婢。

屯田客和屯田兵，都是用自由换取活下去的可能性，等于把命卖给了官府。

如今，我们认为能看到明天的太阳是理所当然的。但在历史上的很多时候，这都是一种奢侈。

曹魏的仓库里粮食塞得满满的，兵源和财源都不用发愁了，能统一北方，屯田制功不可没。

看到屯田制的优势后，吴国和蜀国也开始效仿，然而规模没那么大、成效也没那么明显。

不少吴国将领都带兵屯田，孙权也非常重视农业，甚至亲自耕种，并让给自己拉车的八头牛去犁地。

蜀国物产丰饶，不缺吃的，所以一直没有民屯。到后来，为了解决北伐军粮短缺的问题，诸葛亮和继承他遗志的姜维才在汉中、沓中（现在的甘肃省东南）等地带兵耕种。

灭蜀功臣邓艾不光会打仗，还精通经济策略——他写了篇《济河论》，提出应该派几万大军在淮北、淮南屯田，积累粮食（六七年能攒下三千万斛，够十万人吃五年），为灭吴积累资本。

掌握魏国大权的司马懿非常赏识邓艾，照他说的办了。没过几年，从都城到寿春（现在属于安徽省），都是一片繁忙热闹的景象。

邓艾还指出，如果田地肥沃而水源不足，就无法充分利用土地优势，需要开挖河渠，既方便灌溉，又可用于漕运。

在水利工程上，魏国不少靠谱官员都下了大功夫——

扬州刺史刘馥修造了芍陂（què bēi）、茹陂、七门、吴塘，等等，让稻田有水可用；

沛郡太守郑浑建起了郑陂，粮食因此大幅增产，政府的税收也翻了一番；

敦煌太守皇甫隆推广了耧（lóu）车（一种用牛拉的播种机），并教百姓灌溉田地，从而提高了生产效率。

魏国各地渐渐实现了粮食的自给自足，无论人口还是经济总量，都把吴国和蜀国甩得远远的，为统一天下做好了准备。

如果拿考试来打比方，蜀国是“附加题”答得漂亮，然而魏国在“基础题”上得分高，所以名次更靠前。

对朝廷来说，实行屯田制好处多多。可是对百姓来说又如何呢?

历史学家唐长孺在《晋书・文苑传》里发现了一个“小人物”的故事——

他叫赵至，父亲是“屯田兵”，一辈子会怎样，似乎早已注定。

但他不肯认命，想要出远门游学，却遭到母亲的反对。十五岁时，他开始装疯卖傻，在身体上搞出了十多处烧伤，还经常发狂似地出走，每次离家三五里后，又被追回。他反复折腾，就是为了让官府相信自己真有精神病，这样才能不连累父母。十六岁时，赵至终于成功逃亡，改名换姓，遇上了“竹林七贤”之一嵇康，挺受赏识，便拜嵇康为师。

嵇康被司马昭杀害以后，赵至投到魏兴（现在的陕西、湖北两省交界处）太守张嗣宗门下，甚至想跑去吴国，好抹消出身对他的影响。

后来张嗣宗也去世了，赵至干脆前往遥远的辽西（属于河北、辽宁两省）。那里刚刚归入魏国，三教九流都有，方便换个身份重新开始。

赵至很有才华，在郡里当了官，去洛阳“汇报工作”时，竟碰上了父亲。当时他母亲已经去世，父亲却隐瞒了消息，告诫他不要回家。

他步步高升，似乎拥有了梦寐以求的似锦前程。西晋初年，他志得意满地再次来到都城，才知道母亲的死讯。

他这么拼命，为的是靠学识闻名天下、让父母过上好日子，然而已经不可能了。赵至又生气又绝望，号啕痛哭，呕血身亡，年仅三十七岁。

他一生的挣扎和悲剧，就是由于“士家”制度。和他一样有能力、有理想，却被打压被埋没的“士”，天知道还有多少。

无论利弊如何，屯田制都延续了将近两千年。

北宋词人柳永，又叫“柳屯田”，正是因为他当过屯田员外郎（属于工部）。不过，北宋前期的官员往往只是确定“工资待遇”的名头，柳永并没干过盯人种田的活儿。

除了前面提过的军屯、民屯，到明朝又出现了商屯——

为了加强国防，官府鼓励商人把粮食送去边疆的仓库，以换取“盐引”（运输、销售食盐的许可凭证）。那时候，跟盐沾边的买卖都一本万利。

长途转运粮食的成本实在太高，盐商们脑筋一转，想出了新办法：组织农民在边疆开荒，就地生产粮食交上去。

在和平年代，屯田制的效率堪忧。一搞“大锅饭”，就必然有人出工不出力。然而由于耕地面积比较大、人力和物力集中，也方便推广先进的生产技术，所以它的战略意义不可替代。

北朝隋唐：均田制，盛世的基石

看了前面的众多历史事件后，是不是觉得，农民之所以过不好甚至活不下去，一大半是因为没有土地？那么，如果实现了“耕者有其田”，是不是就能天下太平呢？

这说起来容易做起来难。然而，北魏孝文帝拓跋宏（后来自己改姓元，叫元宏）办到了！

太和九年（485），他下令推行均田制——

15岁以上的男子，每人分给露田40亩，女子20亩。露田通常指无主的荒地，用来种粮食。考虑到休耕轮作，可能的话，分配的土地会是原定数额的一两倍，叫倍田。

拥有奴婢和耕牛的人，可以额外获得土地。奴婢跟普通农民同等待遇，人数不限，土地归主人；丁牛（能干活的牛）每头受露田30亩，一户上限为4头。露田不准买卖，年老失去劳动力或死亡时，要将土地还给官府。

第一次受田的话，每名男子还能领到20亩桑田，三年以内必须种上50棵桑树、5棵枣树、3棵榆树，完不成的话，没收桑田。这些树长大需要时间，没法今年种上明年就赚钱，所以桑田不用交回，可以传给子孙，但是限制买卖。

在不合适种桑养蚕的地区，每名男子只分给 1 亩桑田，用来种枣树和榆树。在可以种麻的地区，每名男子另给麻田 10 亩，女子 5 亩，规定和露田一样。

新定居的百姓还可以分到“宅基地”，每三口家庭分配一亩，奴婢每五口一亩，也允许世袭。

分配土地的时候，要先贫后富。如果某地区人口密度高，百姓可以迁往荒地比较多的“宽乡”。“宽乡”的百姓不能无故搬走，要是力所能及，可以向官府申请借更多土地来种。

历史上，王莽等人尝试过类似的改革，但大多以失败告终。为什么孝文帝能成功？

因为那个乱世实在太长，从三国到两晋南北朝。百姓死的死逃的逃，人少地多，大片大片荒废的农田都归官府了。

建立北魏的鲜卑人，最开始是渔猎游牧民族，重视奴隶和牲畜，并不把田地当回事。近一百年里，北魏官员居然是没有俸禄的！起初，他们的收入靠战利品。慢慢无仗可打以后，他们就开始去掠夺百姓，或者和商人勾结牟利。

这样下去当然不像话！

一方面，从民间搜刮没个准数，特别影响百姓的安全感，有的官员居然“初来单马执鞭，返去从车百辆”；另一方面，当官的每天都在琢磨怎么给自己赚钱，甚至贪污腐败，用在正事上的精力还能有多少？

因此，在太和八年，文明太皇太后冯氏开始整顿吏治，实行班禄制改革。

这是什么意思？是要给官员按等级发工资了，如果谁再和之前一样胡来，就严惩。

文明太皇太后冯氏是文成帝拓跋濬（孝文帝祖父）的皇后，也就是拓跋宏的嫡祖母。

孝文帝的亲祖母不是文明太皇太后，而是元皇后李氏。北魏宫廷有个非常残忍的规矩，叫“子贵母死”，即立太子以后，将其生母赐死，免得外戚干涉朝政。所以，孝文帝和他父亲献文帝拓跋弘一样，都是被冯氏抚养长大的。

孝文帝继位时年纪很小，无法管理国家，因此文明太皇太后掌握大权，临朝听政。

太和十四年她去世以后，孝文帝才开始亲政。颁布均田令的名义上是拓跋宏，实际拿主意的却是文明太皇太后。孝文帝很尊敬这位祖母，不少政治见解都和她一脉相承。

官员的俸禄从哪里来?

由国家支付，说到底要指望百姓交的税。但这会是一个定额，不能想拿多少就拿多少。

实行均田制也是为了让政府财源广进。不管是把土地分给百姓还是收税，朝廷都必须有个实时更新的“数据库”，依照详细的户籍信息来做事。

然而，北魏政府实在太小也太简陋了，干不了这么烦琐的活儿。于是在颁布均田令前后(可能是太和十年)，孝文帝下诏实行“三长制”——五家设一邻长，五邻设一里长，五里设一党长。

“三长”由当地有威望的人担任，能享受一定的优惠(比如不用服徭役)，职责是检查户口、监督耕作、收税、征发徭役和兵役。

当时不像现在，人口流动非常少，乡里乡亲的，谁家什么情况，周围的人都心知肚明。与国家派出“小分队”累死累活普查相比，这种方法可省事多了。

古时候，皇权通常是“不下县”的，基层主要靠各种半自治机构（如“三长”）进行管理，好节约行政资源。

之前北魏实行的是“宗主督护制”——在几十甚至几百年的兵荒马乱里，就像前面提到的，没往南方逃的豪强筑起了“坞堡”，带着很多靠他们“罩”的农民躲在里面，还自己练了兵。这些豪强叫“宗主”，依附于他们的农民叫“包荫户”。

消灭一千只苍蝇，没准比干掉一头老虎还要难。“宗主”遍地开花，实在收拾不利索。北魏哪怕统一了半个天下，也拿这些人没办法，只好承认现状，授权他们“督护”百姓。

豪强自然想少纳税，所以就隐瞒自己“坞堡”里的户口数。古时候的纳税单位常常是“户”，而不是个人。“宗主”报上去的材料里，一“户”往往包括三五十家，更离谱的情况下，“百室合户、千丁共籍”

也并非不可能。

他们占了便宜，国家就吃亏。“包荫户”的日子也非常难过，他们虽然不用给官府交税，然而大部分收成都让“宗主”拿走了，连吃饱穿暖都是奢望。

朝廷推广均田制、用“三长制”代替“宗主督护制”，就是为了与豪强争夺这些百姓。

一对夫妻（也就是一户）每年要交的税是帛或者麻布一匹、粟二石。十五岁以上的单身男性，四个人当成一户来计算；八个能干活的奴婢或者二十头耕牛，也当成一户来计算。

这个数额，比“宗主”征收的少多了！

百姓得了甜头，就主动脱离豪强，从“坞堡”里出来，依靠朝廷。这样一来，官府掌握的人口数量增加了许多，财政也宽裕了。

被虎口夺食，豪强难道不生气吗？

他们其实挺高兴的，因为并没有吃亏……奴婢和耕牛，豪强当然都不缺，所以也能向官府领田来种，税又低，等于多了一笔外快。

这场改革算是“三赢”，因此相对顺当。

北魏创立均田制，虽然不论是官是民、是穷是富一律交税，为的却不是绝对公平，而是在官府“创收”的同时，让最贫苦的百姓也能有口饭吃。

后来的北齐、北周、隋朝继续实行均田制，不过根据实际状况做了些调整。

开皇十年（590），隋文帝杨坚灭掉陈朝，重新统一天下，结束了三百多年的南北分裂。

他不光将均田制推广到全国，还出台了两项新政策，认认真真查户口——

一项叫“输籍定样”，就是由国家制定标准，明确告诉百姓，符合什么条件叫上户、什么条件叫中户、什么条件叫下户，分别又该承担多少赋役。总的来说，上户多交，下户少交，家底越厚，责任就越重。

另一项叫“大索貌阅”，就是根据户籍上登记的年龄，核对本人的体貌，看有没有虚报年龄（以逃避交税）的情况。

如果谁敢弄虚作假，不光自己一家要倒霉，党长等相关人员也会被连累，面临官司和流放。

所以，隋朝的“纳税人”特别多，国家也特别有钱。

史书记载，孝文帝迁都洛阳以后，北魏差不多有 500 万户。北魏后来分裂成东魏和西魏，前者变成了北齐，后者变成了北周。北齐有 303 万户，北周有 359 万户。南方的陈朝有 50 万户。

然而到了隋炀帝大业二年（606），全国已经有了将近 891 万户，比北齐、北周、陈朝三个加起来，还多出近 200 万户。

十几年里新出生了这么多人吗？当然不可能！

是国家控制力更强、“手”伸得更长，将原先隐瞒的户口（可能是被豪强藏起来，也可能是跑到深山老林之类官府够不着的地方）查出来了。

开皇十二年，有关部门上奏，国库被绢帛等财物塞得满满当当，无处存放，甚至都堆到了走廊上。

上一次出现这样的场面，还是在 700 多年前的“文景之治”时期。

隋文帝对此感到非常惊讶，因为他觉得自己收的税不算高，赏赐也很慷慨。主要原因还是“税基”（收税的经济基础）拓宽了，原先想方设法避税的世家大族（尤其是南方的）都跑不了。

隋朝有很多大型粮仓，像洛阳周围的回洛仓和含嘉仓、陕州（今河南三门峡市陕州区）的常平仓、卫州（今河南卫辉市）的黎阳仓、华州（今陕西渭南市华州区）的广通仓。

2014 年 6 月，回洛仓遗址成功入选世界文化遗产名录。它是已知隋唐时期规模最大的粮仓，面积超过 35 万平方米，约有 700 座仓窖，每座大约能储藏 50 万斤粮食。

开皇十四年，关中发生了严重的旱灾，很多人饿肚子，隋文帝却不允许开仓放粮。后来唐太宗李世民说，这样“不怜百姓而惜仓库”是错误的，隋文帝格局太小。

然而，隋文帝并非不关心百姓疾苦。他领着大家去洛阳了，那里水陆交通都方便，日子相对宽裕。

关中平原虽然一度是“天府”，但是地域狭小，土地退化，养活不了那么多人口，所以要从东边的富庶地区调粮。

洛阳是当时的“天下之中”，物资在此汇集后再转运至长安。麻烦之处在于，这几百里地是个“瓶颈”，特别容易卡：

走水路的话得经过三门峡，那儿有“中流砥柱”，一不小心就会撞上去，船毁人亡；走陆路的话得翻山越岭，辛苦不说，损耗也非常大。

所以隋唐两代，皇帝经常要“逐粮”——带着宫廷和文武百官，浩浩荡荡去东边找吃的，其实就是高配版的逃荒。

隋炀帝开挖大运河，也是为了更顺畅地将南方的物资往北方送。

隋文帝晚年虽然喜欢铺张享受，但总的来说，还是比较“艰苦朴素”的。他儿子炀帝杨广登基以后，就开始“败家”了，奢侈程度甚至超过了汉武帝。

钱都烧在哪里了？

大兴土木，修建东都洛阳城。洛阳比长安（当时叫大兴城，是隋文帝盖的）华丽多了，不到一年就完工，每个月干活的民夫有两百万。

开挖大运河（由永济渠、通济渠、邗沟、江南河四段组成），工程量巨大，累死了不少百姓。

四处巡游，历代皇帝里，数他走得最远——坐着美轮美奂的龙舟南下江都（现在的扬州）；不止一次出塞，视察长城，曾经深入蒙古草原，驾临突厥可汗（kè hán，游牧民族首领的称号）牙帐；西出玉门，疏通了“丝绸之路”，将整个青海和新疆东部纳入版图。

隋炀帝在位十四年，在长安待的时间不到两年，在洛阳也只待了三年多，可见根本闲不住。

他虽然喜欢奢华浪费，但这么“蹦跶”，却不光是为了享乐。例如，西巡就非常危险，穿越祁连山时遇上了风雨，狼狈不堪，随行的官员、士兵和后宫女眷冻死很多。

炀帝其实很有眼光，打通了国家的“血脉”，让南北真正连成一体。唐朝的繁荣，相当程度上是吃了他留下的红利。

可他实在太好大喜功也太着急了，短短几年里干的事，比有些王朝从头到尾加一起还多，百姓当然吃不消。他三次征讨高句丽（位于辽东和朝鲜半岛北部），终于让帝国走上了不归路。

单看数据，隋朝对高句丽，方方面面都实力碾压。但杨广轻敌，连出昏招，被天时地利都占了的敌手打得落花流水，不光葬送了几十万精锐，还掏空了国库。

不管是勋贵还是百姓，对他都忍无可忍了，纷纷起义反抗。起义军打开仓库，发现里面粮食、绢帛等物资堆积如山，而外面正在大片大片饿死人。

隋朝积攒的财富，一直花到唐朝贞观年间，李世民对此非常感慨。国富民穷、把百姓逼得活不下去，当然会自食其果。

豪杰蜂起，炀帝能控制的地盘越来越小，结果众叛亲离。他干脆放弃抵抗，躲到江都，饮酒作乐，能开心一天是一天。大业十四年（618），对炀帝不满的禁卫军发动兵变，勒死了他。

隋朝由于滥用民力，也和秦朝一样，二世而亡。

唐朝的开国皇帝高祖李渊，是隋炀帝的表哥。唐朝的很多制度，都是从隋朝继承的。

均田制延续了下去，可以说，它撑起了唐朝前半段的繁华。

当时“户口本”上是这样登记的：3岁以下的幼儿叫“黄”，15岁以下叫“小”，20岁以下叫“中”，男子21岁开始叫“丁”，60岁以上叫“老”。

分到田的百姓要给官府上交多少东西？

一共有三类——每“丁”每年得交两石粟，叫“租”；得服劳役二十天（闰年加两天），也可以用一定数量的绢或布代替，叫“庸”；还得交绢二丈、绵三两或布二丈五尺、麻三斤，叫“调”。

所以，这种赋税制度就叫“租庸调”。

纵观几百年历史，均田制的好处真不少。然而，它有一个固有的缺陷，所以在唐朝中期瓦解了。

这到底是怎么回事？别着急，答案在后面……

唐：开元通宝是开元年间造的吗？

我们来玩个“脑筋急转弯”——

宋真宗赵恒年号“景德”，铸的钱叫景德元宝；

宋仁宗赵祯年号“庆历”，铸的钱叫庆历重宝；

明太祖朱元璋年号“洪武”，铸的钱叫洪武通宝；

唐玄宗李隆基年号“开元”，那么开元通宝就是他铸的钱了？

不是！

开元通宝是他爷爷的爷爷，唐高祖李渊在武德四年（621）铸造的，当时全国还没有统一。钱币上的四个字由大书法家欧阳询书写，采用了“八分书”（隶书的一种）。

“开元”这个词在唐玄宗以前就有了，指开创新纪元。“通宝”的意思是可以流通的宝货。也有人把这四个字读成“开通元宝”，正史说这种念法虽然也讲得通，却是“流俗”。

为什么不用五铢钱了?

一方面，奇葩五铢钱越来越多，给“玩坏”了，人们对它失去了信心。

魏晋南北朝出现了不少轻到离谱的“恶钱”，看名字就知道：鹅眼钱、荇（xìng）叶钱、綖（xiàn，通“线”）环钱……商人都不敢用这类货币，担心一捏就成了渣。

其中有一种叫“沈郎钱”，是沈充（东晋初年权臣王敦手下的参军）铸的，没少被后世诗人吐槽，李贺说“榆荚相催不知数，沈郎青钱夹城路”，李商隐也说“今日春光太漂荡，谢家轻絮沈郎钱”。

当时还有这种“魔性”操作：把一枚完好的五铢凿成两枚，靠里这一半直径特别小，靠外那一半孔变成了圆的，特别大。

完整的西汉五铢，甚至能兑换100个这样的“恶钱”。

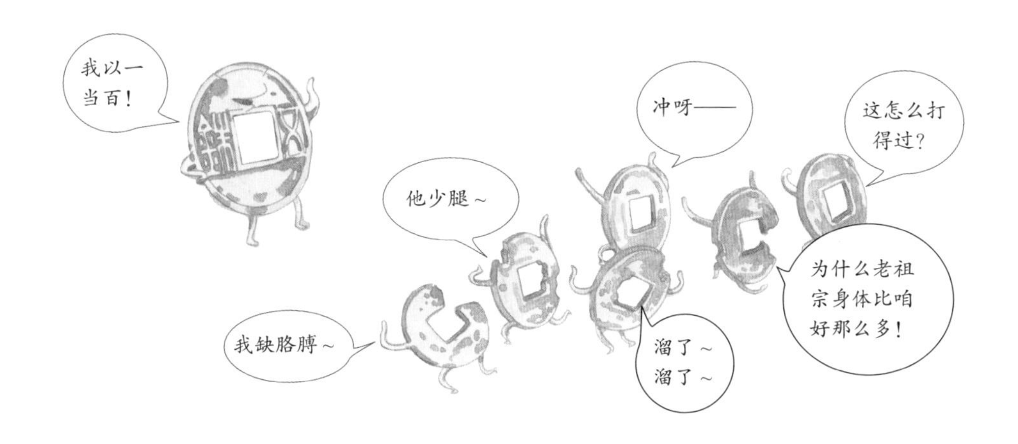

隋朝重新统一南北以后，国力强盛，文帝发行的五铢钱也相对可靠。然而炀帝实在“败家”，五铢钱越来越轻薄，民间甚至用铁片剪成五铢钱的形状，或者“裁皮糊纸以为钱”，彻底乱了套。

另一方面，每当王朝更替，总得来点变革，让百姓知道坐天下的人换了，新的会比旧的强。货币与大家的生活息息相关，用它来宣示变革既方便，宣传效果又好。

魏晋南北朝时期的许多货币，已经不叫“五铢”了，钱上经常是四个字——

十六国时期成汉李寿铸造的“汉兴”，是中国最早的年号钱；赫连勃勃的“大夏真兴”，是国号加年号；南朝宋孝武帝刘骏的“孝建四铢”，是在重量前面加了年号；北周铸造了“五行大布”和“永通万国”，都相当精美。

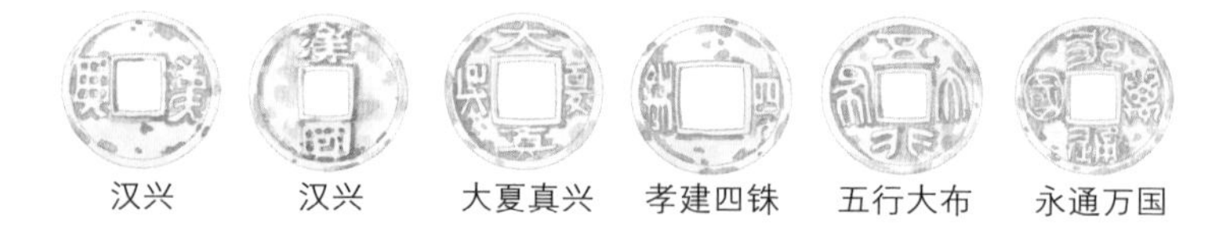

汉兴　汉兴　大夏真兴　孝建四铢　五行大布　永通万国

这样看来，开元通宝的登场，也算是顺理成章。

它的背面常常有一道“月纹”，文人们津津乐道，说这是某位后妃在掐拿献上来的蜡制样钱时，留下的指甲痕。

果真如此吗？

关于“指甲痕”是谁的，有三种说法——唐高祖的窦皇后、太宗的长孙皇后、玄宗的杨贵妃。

但是早在北宋，司马光就考证过，开元通宝“诞生”时，第一位已经去世，第二位只是秦王妃，第三位更不用提了。

“月纹”到底是怎么回事，还没有定论。

有学者推测，它和某些开元通宝上的“星纹”“云纹”类似，都有可能是受到外来文化影响，因为古希腊、古罗马、波斯等国的钱币上都能找到类似的图案。

也有人猜想，这可能是为了标注在什么地方或由哪个炉子铸造出来的。

开元通宝“径八分，积十文重一两”。实测数据显示直径约 25 毫米、重约 4 克，跟质量比较好的五铢钱差不多。这个大小、轻重都合适，很受民间欢迎。

新的重量单位随之诞生：一两的十分之一称为“钱”。

“度量衡”这个词我们都不陌生，“度”指长短，“量”指容积，“衡”指轻重。

唐朝之前的衡法是二十四进制，一两等于二十四铢。开元通宝问世以后，衡法慢慢变成十进制。

开元通宝名副其实，标志着中国货币进入了一个新时代。

之前的五铢钱哪怕真正斤两和面额“脱钩”再严重，都得把重量写在脸上，和铜块之类实物的“亲戚关系”比较近。开元通宝则更加抽象符号化，之所以能拿去换东西，不是因为用了多少铜料，而是国家规定它值这个价。

称量货币时代，就此终结。

南北朝之前，铸钱跟制造青铜器差不多，采用的是范铸法——

先拿泥、石或者金属做成钱范，再把铜水灌进去，冷却以后一枚枚打磨。

隋唐时期，范铸法逐步被翻砂法代替——

先手工做出“雕母”（又叫“祖钱”），然后用它翻制出一批“母钱”；把“母钱”放到填满砂土的框子里，上面再扣一个框子，砂土成型以后，取出母钱、制作浇道，就制成了砂质钱范。后面的步骤，和范铸法类似，拿到的成品叫“子钱”。

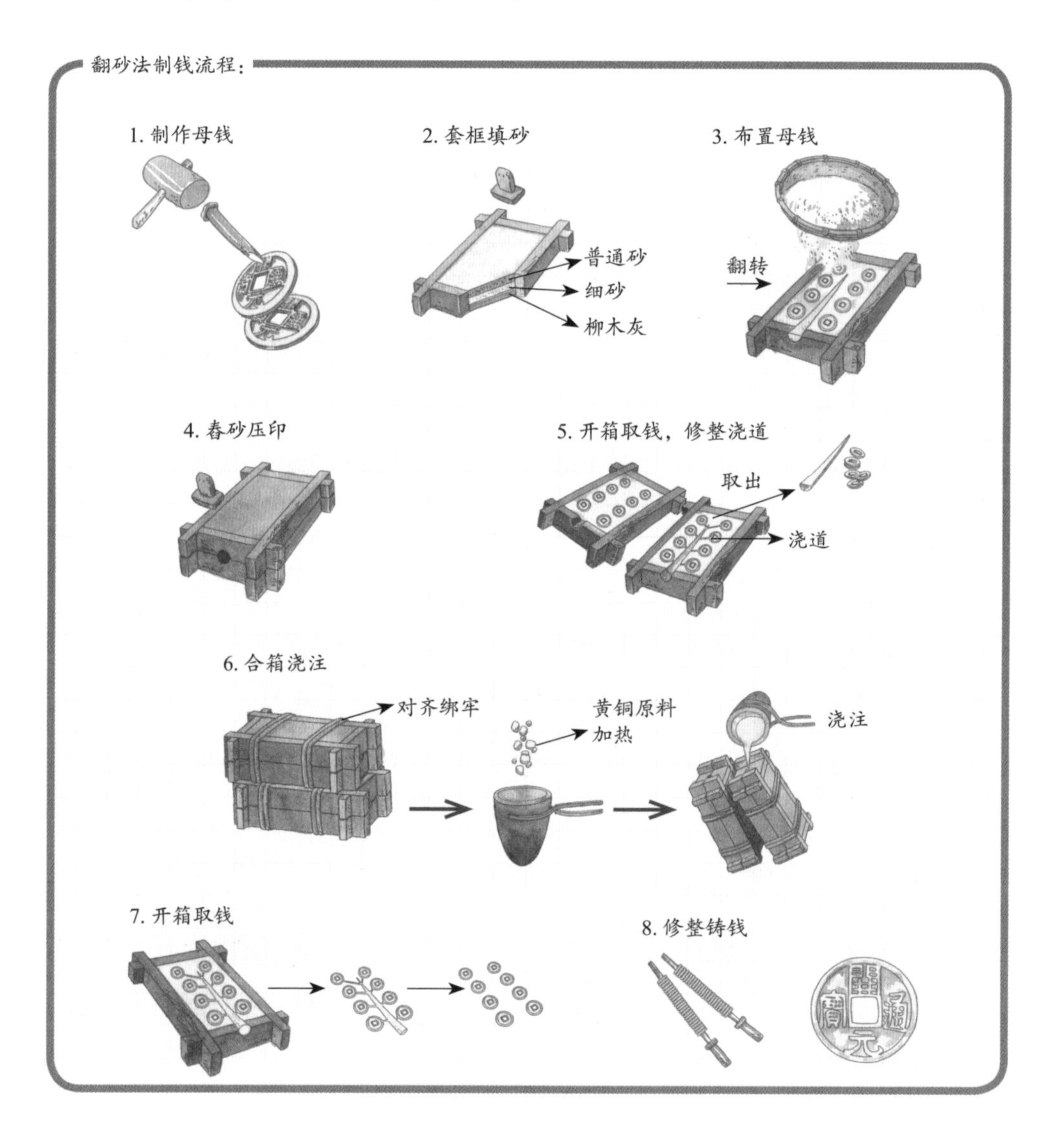

和范铸法相比，翻砂法方便控制每次铸钱的数量，制作模具也简单，明显提高了效率、节约了成本，还可以“标准化生产”，让大规模铸钱变成了可能。

直到今天，有些机器部件还是用翻砂工艺制造的。

由于纯铜（也叫紫铜、红铜）太软，加热以后的流动性也差，所以铜钱虽然叫这个名字，材质却是合金。

唐朝之前，通常是“即山铸钱”，将铜山冶炼出来的铜料直接拿来铸钱，所以不同铜料造出来的钱的成色都不大一样。

玄宗天宝年间，正式规定了开元通宝的金属比例：铜占 83.32%、白镴（là，铅锡合金）占 14.56%、黑锡（铅的别名）占 2.12%。

中国古代铸钱，总算有了成色标准。开元通宝当中，有些格外厚重精美，发出青白色的光泽，因此叫“青钱”。

盛唐时期有个叫张鷟（zhuó，紫凤的意思）的人，才华横溢，别人赞美他“文辞犹青铜钱，万选万中”。于是，后世用“青钱万选”来形容文章写得好，或者考试名列前茅。

唐朝自始至终都在铸造开元通宝。国力强盛的时候，铸钱质量扎实；国力衰弱的时候，就“偷工减料”。

然而，唐朝发行的钱币不光开元通宝一种！

高宗乾封元年（666），推出了乾封泉宝。它“径寸，重二铢六分”，比开元通宝就大一丁点，一枚却能兑换十枚。所以百姓不欢迎它，物价飞涨，仅仅八个月就停铸了。

虚值大钱容易出乱子，历史上的教训可不少。可是“安史之乱”以后，朝廷元气大伤，实在差钱，也就只能糊弄一天算一天了。

肃宗乾元元年（758），发行了乾元重宝，不管个头还是跟开元通宝的兑换比率，都和乾封泉宝一样。民间照例不喜欢，一年以后，它也停铸了。

朝廷没圈到钱，不甘心，于是在乾元二年又推出了乾元重轮钱，一枚能兑换五十枚开元通宝。物价跟着“坐火箭”，一斗米能卖到七千文，而在开元年间，一斗米不过十几二十文。

肃宗李亨没辙了，只好在上元元年（760）宣布，一枚乾元重轮钱相当于三十文，开元通宝和乾元重宝都相当于十文。

代宗李豫继位以后，几种乾元钱继续贬值，与开元通宝“持平”了。后来民间纷纷把乾元钱熔化，做成铜器，只认开元通宝。

乾封泉宝、乾元重宝、乾元重轮钱，都是年号钱。

此后，新皇帝即位时铸年号钱，昭告天下自己登基，几乎成了“标配”。年号钱通常称为“通宝”或“元宝”，这两个名字都与开元通宝有关。

“通宝钱”沿用了近 1300 年，到清朝末年才被机器铸造的铜元取代。

由于唐朝软硬实力都非常强大，开元通宝走出国门，成为“丝绸之路”上的通用货币。

中亚阿姆河和锡尔河之间有一个善于经商的民族，叫粟特人，中国史书称他们为“昭武九姓”或者“九姓胡”。粟特人在以撒马尔罕（现在属于乌兹别克斯坦）为中心的绿洲地区，建立了一串小王国。

之前三四百年，他们用的都是波斯萨珊王朝的银币，后来却铸造了大量圆形方孔铜钱，正面是“开元通宝”四个字，背面则是各个城市的徽记。

日本飞鸟、奈良时期（593—794），积极向中国学习，派来了一批又一批“遣唐使”。

元明天皇和铜元年（708），仿照开元通宝，铸造了和同开珎（珍或宝的异体字）。这是日本最早的法定货币，也流传到了中国，何家村窖藏（著名的兽首玛瑙杯就来自这里）出土过五枚银质的和同开珎。

唐：从均田制到两税法

均田制虽然看似理想，却存在一个无法解决的问题——

天下太平，人口自然会越来越多。然而，国家掌握的土地数量不会增长得那么快，一段时间以后，农田就不够分了。

唐朝因此取消了奴婢、女子（要支撑门户的寡妇除外）和耕牛的土地分配权，但田地依旧捉襟见肘，弥足珍贵。很多受田人已经去世，家属也不乐意按照规定将土地还给官府。越来越多的农田被悄悄买卖，形成了地下市场。有权有钱的家族纷纷开始囤积土地，远远超过法定限额，贫富差距拉大。

大家想方设法不纳税、不服役，有的去搞出家人的身份证明（度牒），有的混进军籍，有的依附豪强……

制度慢慢被“玩坏”，执行不下去了。

隋文帝开皇九年（589）重新设立乡正、里长，实际上废止了“三长制”。

唐朝对土地和人口的盘点，一直不像隋朝那么清晰严密，存在许多“漏网之鱼”。由于对人口出生、死亡、流动的登记不及时，越往后，官府的户口册和现实情形就越脱节。自高宗起，几位皇帝屡屡下令限制土地交易，试图恢复官府回收土地的规矩。然而“人为财死、鸟为食亡”，大家偷偷摸摸照卖不误。

更无解的是，百姓实在撑不下去的话，就会一逃了之。他们要交的赋税，便由当地剩下的人分摊，形成恶性循环：民众的负担越来越重，逃亡的人数越来越多，政府掌握的户口越来越少。

到玄宗在位时，朝廷放松了对户籍和土地的管理，均田制名存实亡。

“安史之乱”以后，朝廷的财政收入锐减，日子过得捉襟见肘。

之前的天宝十三载（754），政府统计的总人口有 890 万户，而到肃宗上元元年（760），仅剩 193 万户。战争当中死伤固然惨重，不过人口锐减也反映了朝廷控制力的下降。更让人头大的是，这其中的

117 万户属于特权阶层或老弱病残，无须交税，实际“纳税人”只有 76 万户。

对朝廷来说，财政是关乎存亡的大事。没有足够的资金，就养不起兵。

除了发行几种乾元钱，肃宗还实行了盐的专卖政策，即政府严格控制产盐区，垄断盐的收购和运销，严禁百姓生产私盐和倒卖官盐。

用盐税充当军费的主意，是大书法家颜真卿提出来的。后来肃宗重用第五琦（第五是复姓），将这种玩法发扬光大。

以前每斗盐只值 10 文钱，专卖以后涨到 110 文，这笔进项让朝廷有了喘息之机。

盐政完全归官府打理，有个问题：机构庞大，开销惊人，上缴国家的利润就剩不下多少了。而且，贪官污吏有机会靠垄断鱼肉百姓、中饱私囊。

后来，理财高手刘晏用“官商分利”取代“官方专利”，国家收购“亭户”生产的盐，统一批发给商人，由他们转运到各地，卖给消费者。这么一来，手续更加方便，机构也可以精简，成本就降低了。

为了防止哄抬盐价，他还在远离产盐区的地方设立“常平盐”，一旦盐价上涨，就抛售官盐，调节市场。

司马光称赞他让“官获其利而民不乏盐”。

刘晏改革盐政以后，到代宗大历末年，这笔税收每年高达六百多万缗（mín，一千文的意思），占全国财政收入的一半。

刘晏是个少年天才，在《三字经》里被树立成正面典型："唐刘晏，方七岁，举神童，作正字。彼虽幼，身已仕，尔幼学，勉而致，有为者，亦若是。"

他很受玄宗欣赏，小小年纪就被封为秘书省正字（类似编辑校对）。有一次，玄宗和他开玩笑："你当这个官，正了几个字？"

刘晏的回答很有意思：“天下字皆正，惟朋字未正得。”

朋，即朋党，指的是大臣为了私利拉帮结伙、排斥异己。这个问题在当时已经相当严重了，刘晏这么说，不光是“抖机灵”，也是提醒玄宗注意繁华之下的隐忧。他后来当到户部侍郎、吏部尚书、宰相，掌握财权二十年。

刘晏强调“爱民为先”。大家有条件过安稳日子，人口和财富积累变多，国家的税收才能跟着变多，不然无异于竭泽而渔。所以他对各地灾情特别重视，通过“大数据”发现有歉收的苗头，就开始赈救，减少了逃亡和饿死的人数。

刘晏自称，如同能看见天下的钱在地上流动。

他一大早就开始办公，到半夜才休息。事务不管是否紧急，都当天处理完。

他非常擅长用人，培养了一大批精明练达、廉洁勤勉的理财专家，之后几十年里掌握财权的大臣，都曾是他的属下。

然而，德宗李适继位以后，宰相杨炎和刘晏政见不合，之前又有过节，于是挟私报复。德宗也猜忌刘晏，先将他降职，然后赐死。抄家时，人们发现他家里只有“杂书两乘，米麦数斛”。大家被刘晏的两袖清风震惊了，纷纷替他鸣冤。

建中元年（780），德宗采纳了杨炎的建议，取消了租庸调，实行两税法。叫这个名字，是因为每年的税在夏粮入库的六月、秋粮入库的十一月分两次上缴。

比起租庸调，两税法将税收的重点从人转向了财产，由地税、户税两部分组成。地税按每户的土地数量收税，而户税是统计每户的财产数量，按一定比例收税。

两税法的原则是“量出制入”，朝廷根据所需开支预定税收总额，由各地分摊。这并不是说每年都要做预算，然后发下去。税收总额一直以代宗大历十四年（779）为标准。

地方负责征税，只要交足了规定的数额，多收的就可以留给自己，朝廷不管。

后世的税制，一直到民国，都没跳出这个框架。可以说，两税法影响中国历史一千多年。

实行两税法，朝廷当然不吃亏！

根据《新唐书·食货志》，每年中央能拿到钱950多万缗、米1600多万斛；地方能拿到钱2050万缗、米400万斛。

财政收入一稳定，朝廷腰杆就硬了，说话也比原来管用。

然而对百姓来说，两税法未必是好事……

政府不再分配土地，也不限制权贵占有土地，导致贫富差距越来越大。

租庸调征收的，都是百姓能直接拿出来的东西：粮食、布帛、劳动力……而两税法征收的是钱币，农民需要先将自己的产品换成现金，时间又不能通融，往往不得不忍痛降价出售。这么一来，商人占便宜，农民倒霉。

更麻烦的是，确定税收总额标准时，朝廷是将大历十四年百姓上缴的各种实物照市价折算成钱币。而那一年粮食偏偏非常贵，处于历史高位，后世粮食价格下跌，大家的税负事实上高了很多，可能是初唐的十几倍。

海陆“丝绸之路”：世界的大动脉

在唐朝，想买东西的话，该去哪儿呢?

城里的市场通常有固定位置，比如说，长安就有东市和西市。西市更加热闹，由于很多店铺占道经营，路面要比东市窄。这一方面是因为长安城东边的居民多于西边，东市附近几乎没什么空房出租，所以不好像西市一样大量囤货；另一方面是因为外国商人大多是从西边来的，进城以后到西市卸货更加方便。所以，西市的奇珍异宝也比东市多。

西市又叫“金市”，可以说寸土寸金。李白在《少年行》里写道：“五陵年少金市东，银鞍白马度春风。落花踏尽游何处，笑入胡姬酒肆中。”

唐朝规定，正午时击鼓两百下，市场才开门，早到的话只能在门口等；日落以前敲钲（zhēng，一种像钟的铜质乐器）三百下，市场就关闭。

西市和东市里的店铺多达几千甚至上万家。

西市里有“井”字形交叉的四条大街，东西、南北各两条，宽 14 米。还有许多小路通往深处。

店铺并不是想开在哪里就开在哪里，要按照行业有序排列：坟典肆（书店，古书通称“三坟五典”）离笔行不远，屠行、肉行、五熟行（卖面条、馄饨、烧饼之类熟食）、白米行、酒肆连在一块儿……

每家店铺门前都挂着大招牌，标清楚商品价格，而且按质量分成上、中、下三个等级，叫“三贾均市”。

考古证据表明，这些店铺最大的三十几平方米，最小的只有十来平方米，不少是“前店后场”——前面接待客人，后面加工商品，这种模式一直延续到近代。

在唐朝，有个“套路”特别流行，大家总也听不腻，就是胡商识宝。

“胡商”指的是从西北进入中原的商人，如波斯人、大食（阿拉伯帝国）人，还有前面介绍过的粟特人。

故事大致是这样的：

某人由于某个机会（比如说，帮助了胡人，所以收到谢礼），拥有了件宝贝。然而在一般人眼里，那东西平平无奇，根本不值钱。后来，胡商凑巧看到了它，大惊失色，异常珍重地出高价买下。大家都以为胡商脑子进水，但经他解释以后，才明白是怎么回事。

长安城里生活着很多胡商，珠宝、香料、酒水几个行业，就掌握在他们手中。在唐朝人眼里，胡商都很富裕，“穷波斯”就和“病医人”一样不可思议。而且，辨识和鉴定珠宝，当然需要专业知识。有眼光又有钱，胡商成为上面那种“套路”的主角，也就不奇怪了。

这些胡商是怎么来到唐朝的？

他们沿着陆上丝绸之路而来！

陆上丝绸之路又是怎么开通的？这要从汉武帝说起……

前面提到过，匈奴是西汉的死对头。汉武帝听说河西走廊一带有个叫大月氏的游牧部族，和匈奴结下了血海深仇，然而打不过匈奴，没办法，只好往西“搬家”。

敌人的敌人就是朋友，于是汉武帝派张骞出使大月氏，希望与其结盟，共同夹击匈奴。

张骞于建元三年（前 138）离开长安，历经种种艰难困苦，两次被匈奴扣留，直到元朔三年（前 126）才回来。

在大宛（yuān，位于费尔干纳盆地）、康居（大致在巴尔喀什湖和咸海之间）等国家的帮助下，他成功找到了大月氏。然而大月氏已经在中亚的阿姆河畔过上了安稳日子，不想再回去和匈奴死磕。

有心栽花花不开，无心插柳柳成荫。张骞虽然没能完成最初的任务，但他在西域转了一大圈，收集了许多关于地理、物产、风土人情的珍贵资料。司马迁都说张骞“凿空西域”，开辟了一条崭新的路。

“西域”在哪里?

狭义的话，指玉门关、阳关以西，葱岭（今帕米尔高原）以东，南山（今昆仑山脉）以北，北山（今天山山脉）以南地区。广义的话，还包括更往西的中亚、西亚、南亚等地。

元狩四年（前 119），张骞第二次奉命出使西域，和乌孙（在今伊犁河流域）结盟，“断匈奴右臂”。

他还派副使去了许多国家，汉朝和西域的友好关系就这么建立起来了。

丝绸之路就像连接亚欧大陆的桥梁。它不是一条固定的路，而是一张网。开通它，原本是出于政治和军事目的，但后来它在经济和文化上的影响越来越大。

中原和西域“接上头”，做生意就方便了，好吃的好玩的也开始互通有无。

再往后，汉朝使者还抵达了安息（又叫帕提亚王国，在伊朗高原一带）、身毒（北印度的古称）、奄蔡（在咸海和里海之间）、条支（又叫塞琉古王国，叙利亚一带）等地。

由于一代又一代人的努力，到了唐朝，通往海外的道路主要有七条——

一是营州入安东道，也就是从河北直达黑龙江地区。

二是登州入高丽、渤海道，也就是从山东半岛蓬莱一带，坐船跨过渤海，去辽东半岛，再跨过鸭绿江，去朝鲜半岛。

三是夏州塞外通大同、云中道，从陕西北部经过沙漠前往河套，再渡过黄河，在阴山南麓前往山西北部和内蒙古地区。

四是中受降城入回鹘道，又叫“参天可汗道”（少数民族尊称唐太宗天可汗），从阴山南麓出发，穿越戈壁沙漠，前往漠北。

五是安西入西域道，也就是从新疆地区前往中亚。它和前面提到的陆上丝绸之路差不多，有北、中、南三条岔道，终点是君士坦丁堡（现在土耳其的伊斯坦布尔）。

六是安南通天竺道，从越南境内出发，经我国云南和缅甸，走陆路进入印度。

七是广州通海夷道，也就是海上丝绸之路，在广州上船，绕过越南，去往马六甲海峡，途经苏门答腊岛、爪哇岛，抵达师子国（现在的斯里兰卡），再绕过印度半岛，前往波斯湾，甚至非洲东海岸。

这几条路不仅促进了商品的流通，也加强了文化的交流。

在唐朝，长安可是个不折不扣的国际化大都市。逛西市的不光有中原人，还有打扮和长相明显不一样的波斯人、突厥人、粟特人、大食人、日本人、吐蕃（位于青藏高原）人，和来自南洋、肤色黝黑的“昆仑奴”。

丝绸之路的名字是怎么来的?

这个概念，是19世纪德意志地理学家李希霍芬（Ferdinand von Richthofen）提出的。

西北陆上商道运送的最重要物资，就是丝绸。丝绸很轻也很薄，可以卷起来，方便携带，不怕磕碰。它做的衣裳，又舒服又亮丽，全世界都喜欢。在汉朝，会种桑养蚕的只有中国人，所以“垄断”了这门生意。

古罗马作家老普林尼记载，每年有一亿塞斯特尔斯（铜币的名字）流入东方，用来购买丝绸之类的奢侈品，这相当于罗马帝国全年造币量的一半。

张骞通西域以前好几百年，亚欧大陆北部的游牧部落就“接力”一样，将丝绸贩运到西方。这条草原丝绸之路同样影响深远。

古希腊罗马学者称中国为“赛里斯”，意思是“丝之国”。然而他们并不清楚丝是怎么来的。老普林尼说，它是长在树上的白色绒毛，取下来用水打湿，梳理好，就能拿去纺织。

古希腊地理学家波金尼阿斯猜想，丝是一种类似蜘蛛的虫子吐出来的，它有八条腿，是甲虫的两倍大，能活五年。觉得可以收获了，人们就无限制地喂它最喜欢的青芦，把虫子撑死，好拿到肚皮里的丝。

养蚕、制丝相关技术大概在 3 世纪传到于阗（位于今新疆和田县）等西域国家，5 世纪传到波斯，6 世纪传到东罗马（拜占庭）帝国。

那时候大家才知道，原先的说法有多不靠谱。

不过，由于气候、技术这些方面的优势，直到唐宋甚至明清，中国的绸缎和生丝依然产量大、成本低，照样是抢手的出口商品。

中国的贸易有个特点：主要用制成品去换外国的资源性特产。

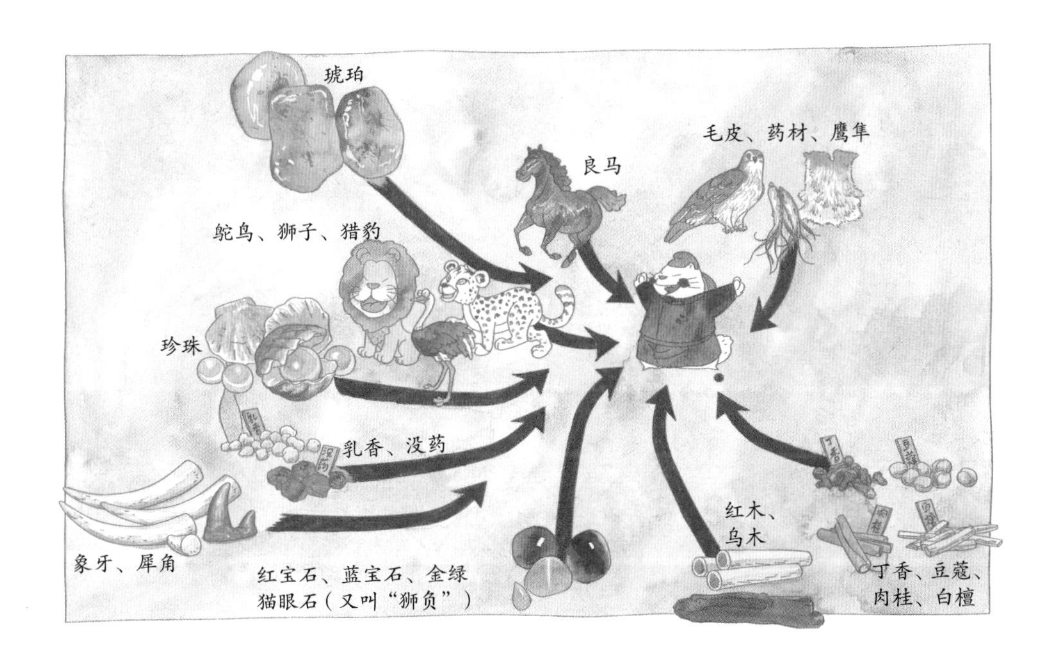

到了宋朝，海上丝绸之路大出风头，最重要也最被追捧的物资变成了瓷器。这是为什么呢?

因为宋朝控制不了草原和河西走廊，只能依靠东南沿海的船运。

当时可没有塑料袋保护，丝绸一旦泡过海水就毁了，风险比走陆路高。

船的载重量比马车、骆驼之类大多了，货物沉点儿也不要紧。而且，船需要“压舱物”来抵御海风造成的颠簸，瓷器就正合适。它不怕水，又不怕弄脏，比陶器结实、漂亮，包装好的话，也不像玻璃器皿那么易碎。

在亚洲的日本、朝鲜半岛、印度、叙利亚、沙特阿拉伯、也门等地，非洲的埃及、苏丹、埃塞俄比亚，甚至远到津巴布韦，考古学家都发现了宋朝瓷器的身影。

受欢迎的“中国制造”还有哪些?

茶叶——唐宋时期开始出口，最初只是出口到东亚和东南亚地区。“新航路开辟”以后，西方（如英国）才慢慢有了喝茶的习惯，不过那要到清朝了。

纸张——基本只能走陆路，出口时间比较短，数量也不算多。

造纸术西传的路线，和陆上丝绸之路不谋而合。8 世纪时，中亚重镇撒马尔罕成为阿拉伯帝国的造纸中心。

铁器——不管在蒙古草原还是海外，铁锅都是珍贵的必需品，铁链、铁钉、铁农具也算得上“硬通货”。

布匹——自元朝起，南方广泛栽种棉花，江浙一带的棉纺织业也发展起来。明清时期，“松江布”和“南京布”（长三角生产的土布）大量销往欧洲和美国。

唐朝以前，中国主要盯着内陆，造船水平不算厉害。

东晋高僧法显、唐朝高僧义净去印度取经，回来时坐的都是外国船。魏晋时期，扶南（位于现在的柬埔寨和老挝南部、越南南部、泰国东南部，是第一个出现在中国史书上的东南亚政权）是贸易强国，掌控着连接东西方的海上商路。

扶南能造出长十几丈的大船，不用铁钉，而拿椰子皮当绳索捆扎，拿糖浆灌缝，免得进水。船上有四面帆，可以移动，以便更好地利用风力。对这种“昆仑舶”，中国史书赞叹有加。

然而到了宋朝，中国的造船业已经世界领先。

海船能载五六百人，有些远洋商船一次能带足一年的粮食，还能在上面养猪、酿酒。

宋朝海船有许多“黑科技”。除了我们熟悉的指南针，还有水密隔舱——

用隔板将船舱（特别是吃水线以下的部分）分成互不相通的隔舱，

哪怕某一舱触礁进水，对别的舱也没有影响。这样就安全多了，有机会补漏，不至于整条船遭殃。

随着海外贸易欣欣向荣，宋朝人的眼界开阔了不少。南宋时期，赵汝适（北宋太宗赵光义八世孙）的《诸蕃志》里就记载了 58 个国家的地理位置、风土人情、物产以及和宋朝的商业往来。

当时活跃在中国的外国商人，由“胡商”变成了从东南沿海进入中国的“蕃商”。“蕃”的意思是距离中原最偏远的地区，主要指南方少数民族、跟南海诸国有关系的人。

同样是波斯或大食商人，如果走陆上丝绸之路，就叫胡商；走海上丝绸之路，就叫蕃商。出海做生意的宋朝人叫“海商”。

唐宋时期，管理海上贸易的机构叫“市舶司”，负责征收关税、检查违禁品、签发公凭（出海许可证），相当于现在的海关。设立过市舶司的港口有广州、泉州、杭州、明州（现在的宁波）、温州、密州（现在的青岛胶州），等等。

赵汝适就曾经主管泉州市舶司，他写《诸蕃志》也是想给“外贸专业”编教材，不是为了猎奇。

商船进港以后，经过官府登记，上交 1/10 货物，剩下的就可以买卖了。有些货物是专卖品，只能由官府收购，比如玳瑁、象牙、犀角、乳香。不过市舶司开出的价格通常比较合理，商人也不吃亏。

北宋时期，全国经济重心已经转向东南。对偏安的南宋而言，海上贸易带来的利润更是必不可少。

南宋初年“经费困乏，一切倚办海舶”，市舶司的收入，最高时占到了国家财政收入的 20%。

宋高宗赵构说，“市舶之利最厚，若措置合宜，所得动以百万计”，意思是港口贸易获利最多，如果经营方法得当，所获利益可以用上百万来计算，因此朝廷热心招商，鼓励海上贸易。

如果把世界想象成一个人，几条丝绸之路就是大动脉，传输着养分和生命力。然而，长途做买卖也是一件赌上性命的事，可能会碰上强盗、战乱、疫病、沙暴、海难……

在严酷的自然条件和政治环境面前，个人实在太渺小也太无能为力了，财富也非常脆弱。

北宋：运河撑起来的汴京梦华

北宋有“四京”——西京洛阳、东京汴梁（现在的河南开封）、北京大名（现在的河北大名）、南京归德（现在的河南商丘）。

首都汴梁，曾经是一千年前世界上最繁荣、最重要的城市，人口超过 150 万。

同时期世界第二大城市巴格达只有三四十万人，而欧洲最大的城市人口不超过 10 万。

孟元老在《东京梦华录》里回忆道：“举目则青楼画阁，绣户珠帘。雕车竞驻于天街，宝马争驰于御路。金翠耀目，罗绮飘香。新声巧笑于柳陌花衢（qú，大路），按管调弦于茶坊酒肆。八荒争辏（còu），万国咸通。集四海之珍奇，皆归市易；会寰（huán）区之异味，悉在庖（páo）厨。花光满路，何限春游；箫鼓喧空，几家夜宴？伎（jì）巧则惊人耳目，侈奢则长人精神……”

中国首次出现了以商业（而不是行政管理）为中心的大城市。

自唐朝以来，汴梁的中轴线就没变动过，城市核心区也早就定下来了。现在的主干道中山路，往下挖 8 米就是北宋时期车水马龙的御街。

汴梁也是世界上第一座“不夜城”，商业中心位于御街和汴河交汇的州桥。它是当时红极一时的“打卡地”，“州桥明月”的景致远近闻名。周围商店林立，南边有酒楼和香药铺，东边有鱼市和彩帛铺，西边有珠子铺和果子铺等。

夜市上可以吃到无数美食：切成薄片的羊头肉、砂糖绿豆甘草冰雪凉水、荔枝膏、金丝党梅……

城里其他河流的桥头或岸边，也形成了熙熙攘攘的桥市和河市，车马都快过不去了。朝廷不得不下诏，限制摊贩占道经营。

在中国古代城市发展史上，东京汴梁最重要的变化之一就是坊市制度崩溃。

在这之前，“坊”（居住区）和“市”（商业区）界限分明。隋唐长安城就由 100 多个坊组成，想逛店，得去前面提到的东市和西市。城市非常规整，按照白居易的说法，“百千家似围棋局，十二街如种菜畦（qí，田园中分成的小区）”。

坊是封闭型的居住区，四周有高高的围墙，一年里大多数时候严格执行宵禁，每晚到点就关上坊门，不准自由进出。

唐朝中后期，管控渐渐放松，很多坊里偷偷开起了小商铺，有的胆子够大，甚至在坊墙上打洞建门，面朝大街做买卖。朝廷自然不乐意，屡次下诏禁止，然而收效甚微。

打破坊市制度的“急先锋”是扬州，在晚唐出现了熙熙攘攘的沿河商业街和“夜市千灯照碧云”的华丽场面。

东京汴梁开始“坊市合一”，街巷制度慢慢成了主流。宋太宗在位时，景阳门大街出现了“侵街”现象，商铺把主干道蚕食了。再往后，越来越多的人推倒坊墙，沿街盖房子住或者开店。商业活动再也圈不住了，渗透到全城。小商贩有的摆地摊，有的挑着担子到处叫卖。

做生意的时间也灵活了很多，不再执行宵禁，“夜市直至三更尽，才五更又复开张，如要闹去处，通宵不绝”。马行街夜市非常繁华，灯烛彻夜燃烧，去那里的人完全不用担心被蚊子叮——它们讨厌油烟，早给熏没影了。

城市更加开放，大家的生活也更加丰富好玩，可以到“勾栏瓦舍”里看各种文体表演，如说书、唱曲、杂剧、皮影、舞蹈、傀儡（kuǐ lěi）戏（就是木偶剧）、魔术、杂技，等等。

喂饱这么多张嘴需要的粮食和其他商品，是哪里来的呢？都指望附近生产，当然不现实。其实是全国输送的，特别是东南地区。

与长安和洛阳不同，汴梁坐落在平原上，几乎无险可守，军事上的

“短板”显而易见。然而汴梁之所以成为都城，是因为它处在“天下之枢”，是四通八达的水陆大都会，方便调集物资。

宋太祖赵匡胤说，汴河、蔡河（惠民河）、五丈河是首都的三条珍贵“腰带”。穿城而过的，还有一条金水河。

这几条河流都同漕运息息相关。

根据东汉许慎的《说文解字》，“漕，水转谷也”。漕运就是由国家组织的水路运输，主要负责把粮食等物资运往首都或其他政治、军事要地。漕运出现于秦朝统一中国以后，一直延续到清末，历时两千多年。

在汴京的四大河流当中，最重要的是汴河。

北宋经济学家张方平曾说，“汴河之于京师，乃是建国之本，非可与区区沟洫（xù，田间的水道）水利同言也……大众之命，惟汴河是赖”。

汴河的前身是战国中期魏惠王在都城大梁（现在的开封）附近开凿的鸿沟。这条运河让黄河跟淮河支流颍（yǐng）水相通，是兵家必争之地。项羽和刘邦曾经立约，以鸿沟为界中分天下，象棋盘上的“楚河汉界”，就源于此。汉朝建立以后，也利用鸿沟将粮食运往京城。鸿沟的主水道叫汴渠。

前面提到，隋炀帝在位时开挖大运河，完成了第一次南北大贯通。这项工程并不是从零开始，利用了许多原先的水道。其中的通济渠，就是在汴渠基础上修成的。到了唐朝，通济渠改名广济渠，不过大家还是习惯叫它汴渠或汴河。

唐朝诗人皮日休写过两首《汴河怀古》：“万艘龙舸（gě，大船）绿丝（指两岸的柳条）间，载到扬州尽不还。应是天教开汴水，一千余里地无山。”“尽道隋亡为此河，至今千里赖通波。若无水殿龙舟事，共禹论功不较多。”

“安史之乱”以后，河北、山东藩镇割据，截留了税收，不再上缴中央。朝廷的财政收入只能依靠南方，特别是江淮地区。

然而由于战火，汴河的疏浚停顿了八年，许多河道淤积，粮食不得不改走陆路运输，这不光时间长、花费多，运量也小，关中地区便闹起了严重的饥荒。

解决这个难题的，又是刘晏！

代宗广德二年（764），他临危受命，带人一路勘察河道，并深入分析了漕运的利弊。他得出结论，重开漕运虽然面临着沿岸人烟萧条、工程量巨大、安全没有保障等困难，却可以医治战争创伤、巩固国家统一、活跃城乡经济，总的来说益处更多。

刘晏拿出了“综合治理方案”——

首先，主持疏浚汴河，让船可以顺利通过。

然后，在扬州造了2000艘载重量千斛（相当于几十吨）的漕船。虽然每艘预算高达上千缗，比实际费用高出一半还多，有人担心刘晏当“冤大头”，但他认为，工匠们的收入有保证了，产品质量才会高。他相信，如果漕船能坚固耐久，反倒更合算。

最后，实行分段运输。

由于长江、汴河、黄河、渭河的水文状况各不相同，他将整个运输过程分成四段，在扬州、河阴、渭口等关键节点设立仓库，“接力”送粮食进京。船工只需要负责自己最熟悉的那段航程，而不是跑长途，既安全，也简化了运输过程。

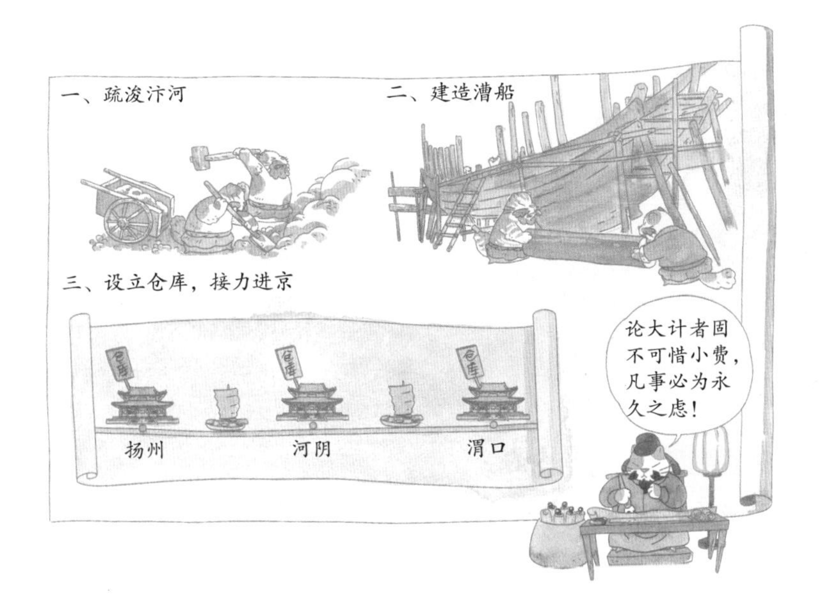

经过刘晏的改革，把一斗米从扬州运到河阴的费用由原先的 200 文降到了 120 文，事故率也明显降低了。

当第一批粮食送到长安时，代宗非常高兴，派使者去慰劳刘晏，说他是自己的萧何。

从此以后，就算关中发生水旱灾害，物价疯涨的情况也不怎么出现了。

在唐朝，每年漕运的粮食通常只有几十万石，最高纪录也不过一百来万石。然而到了北宋，汴河每年的漕运定额是六百万石，最高纪录达到八百万石。

在宋朝，无论是陆路还是水路，运输各类物资的团队叫“纲”。比如说，《水浒传》里，梁中书给老丈人宰相蔡京送的寿礼叫“生辰纲”；宋徽宗为了修园林，将东南地区的奇花异石装船送到京城，叫“花石纲”。

不管是搜刮还是运输“花石纲”，都劳民伤财，无数百姓因此倾家荡产。轰轰烈烈的方腊起义因此爆发，可以说是“官逼民反”。

进京的漕船叫纲船。每“纲”可能是 10 艘船，也可能是 20 艘或 30 艘。北宋大部分时间里，纲船每年往返四次，第一次进京，照惯例是在汴河解冻以后的清明。

满载着琳琅满目的商品（主要是粮食，也有盐、茶、干鲜果品、香药、丝绸等）的纲船一到，首都就从“冬眠”中醒了过来，物价回落，汴河一带也成了熙熙攘攘的闹市。

张择端的《清明上河图》里就能看到汴河上的许多船——有的是客船，比较狭长，窗户多，可以欣赏外面的风景，舱室里有桌椅和床铺。有的是货船，更圆也更短，“肚子”里塞满了好东西，舱室通常不开窗。

“虹桥抢险”是这幅画里的“名场面”：大船快要过桥洞了，桅杆却还没放倒，会不会撞上去呢？船工们忙坏了，“围观群众”也捏着一把汗。

你注意到了吗？虹桥是一座没有桥墩的单拱桥。

汴河水急，船一不小心撞上桥墩，麻烦就大了。所以仁宗庆历年间，陈希亮学习青州的法子，“取巨木数十相贯”，修起了高大的单拱“飞桥”。这种技术后来失传了。

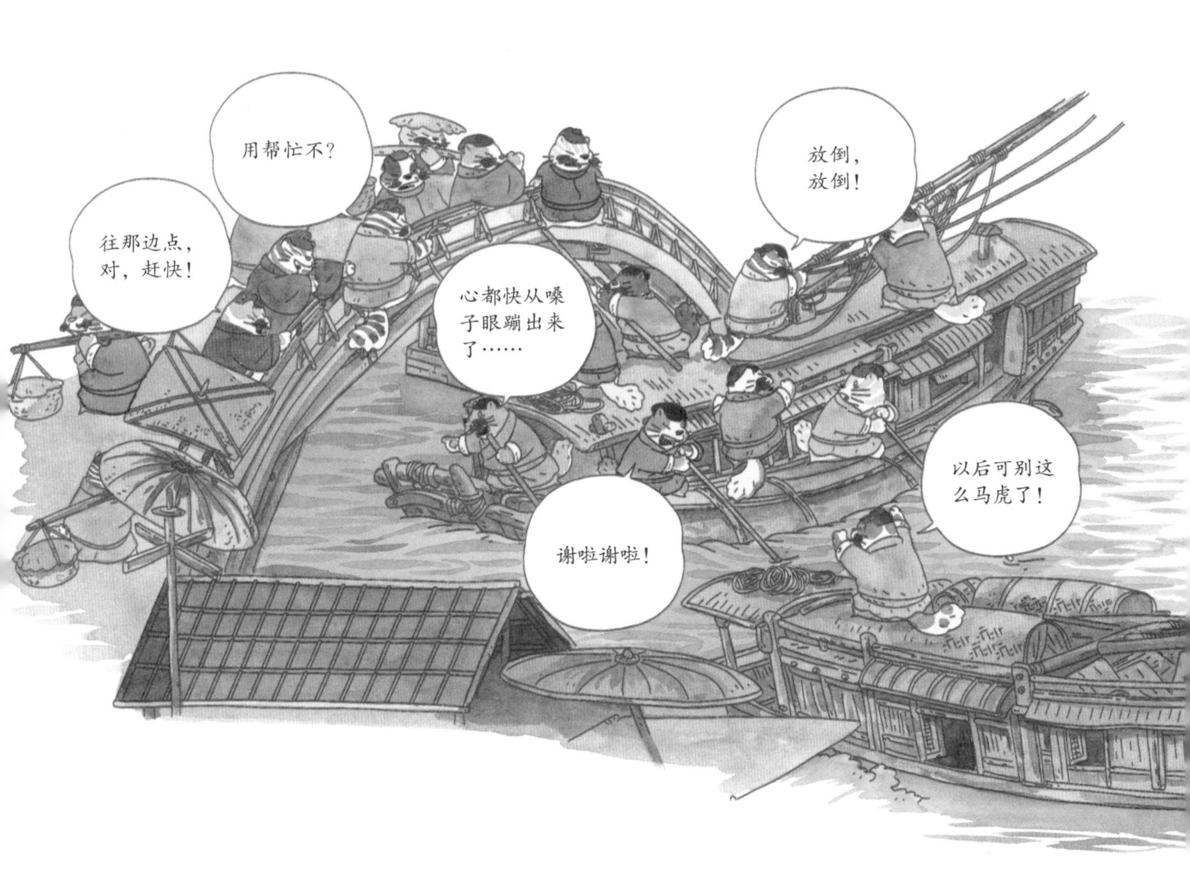

宋：“钱”都能“荒”？

南宋理宗宝庆元年（1225），一个看似平平常常的日子。

台州（现在属于浙江）的百姓们一觉醒来出门，却发现了一件怪事——这么大的城里，竟然连一枚铜钱都找不到了！

为何会这样，难道发生灵异事件了？

当然没有！

真相其实很简单：几天前来了几艘日本商船，他们卖的东西不光新奇珍贵，价格还低得离谱，差不多是打一折。有便宜不赚是笨蛋！于是，无论穷富，大家都开始尽情购物，把兜里的现金花了个精光。

难道这些日本商人是专门来“送福利”的？

当然不可能！他们想要的，是宋朝的铜钱。他们特意开着“高大深广”的船来，“一船可载数万贯文”。目的达成后，他们就连夜扬帆“跑路”了。

宋朝的货币，可以说是中国历史上最复杂的，不光材质多样（关于纸币的部分后面会详细介绍），面额、钱名种类、所用的书法字体也五花八门。

年号钱的时代，到宋朝才真正开始，从宋太宗赵光义的淳化元宝起，几乎每次改元，都要把新的年号铸在钱上。

淳化元宝上面那四个字是皇帝亲笔题写的，称为“御书钱”。

中国古代钱币上的文字，一般都由匠人和名家书写，而由皇帝书写钱文，则是从北宋开始的一个独特的文化现象。淳化元宝是最早的“御书钱”。它有真书（楷书）、行书、草书三种字体，后两种还是头一回出现在钱币上。

真书　　行书　　草书

大书法家米芾对宋太宗的字称赞有加：“真造八法，草入三昧（mèi，形容掌握了真谛），行书无对，飞白入神。”

看看钱上的书法，你觉得这评价是否中肯?

在方孔圆钱上写字，比在扇面、匾额上写难度高多了，敢这么做，证明对自己的书法水平很有信心。

后来，北宋真宗赵恒、徽宗赵佶（jí）和南宋高宗赵构、孝宗赵昚（shèn）都铸造了“御书钱”。

徽宗的艺术天赋惊人，书画、诗词样样精通。然而他“不务正业”，皇帝当得一塌糊涂，先是逼得百姓纷纷造反，又连出昏招让金军占了汴京，将大好江山拱手相让。

他创造了一种很有个性的字体，叫“瘦金体”，“侧锋如兰竹”。

崇宁、大观、政和、宣和四种年号的钱文，都是他用“瘦金体”写下的。

徽宗的“御书钱”，无论字体的漂亮程度，还是铸造技术水平，都称得上“历朝之冠”。崇宁通宝和大观通宝，被公认为艺术成就最高的中国古代钱币。

宋朝铸造的铜钱数量惊人!

太祖赵匡胤开宝年间，光是升州（现在的南京）一个地方就铸钱30万贯，和唐朝的最高年铸钱量持平；神宗赵顼（xū）在位时，一年的铸钱量就多达500万贯，超过整个明朝的总和。

然而，宋朝还是常常闹“钱荒”，也就是说，市场上需要的货币不够用，出现通货紧缩。

这是为什么呢?

在唐朝，铜钱不够的话，可以拿绢帛来补充。可到了宋朝，绢帛变回日用品，人们不怎么拿它们当钱花了。

此外，人们喜欢把铜钱（特别是质量好的）藏在家里，甚至埋到地下。后世常常能挖出窖藏的宋朝铜钱，原主人可能是逃难去了再也没回来，也可能是越埋越深，自己都找不到了。

今天如果我们去存款的话，银行会把这笔钱投入流通，不会让它白白“睡大觉”。然而，被埋起来的铜钱就退出了流通领域，相当于国家从未铸过它们。

更麻烦的是，宋朝一家发行的铜钱，周围许多国家和地区都在使用。

宋朝铜钱精美、规范，币值稳定，不容易磨损，无论哪国都喜欢。

辽是契丹人建立的政权，苏辙出使辽时，观察到“北界别无钱币，公私交易并使本朝铜钱”。

金灭了辽和北宋，与南宋对峙。诗人范成大出使金国时，发现了一模一样的情况: 虽然有君主试着铸钱，但是数量极少“余悉用中国旧钱”。

高丽位于朝鲜半岛，有使用黄铜制作餐具的习惯。相当一部分宋朝铜钱在那里被熔化，重新打造成器皿。

这些铜钱是怎么流出去的?

有正大光明，也有偷偷摸摸。

宋朝会定期“赏赐”给邻居一些铜钱，可能是因为打不过而“交保护费”，也可能是对方来朝贡时，拿铜钱当回礼。

宋朝和辽、西夏、金等国在边境上都开了榷(què)场，进行贸易往来，用丝绸、茶叶、陶瓷之类的特产，交换盐和牛羊、药材、皮货等。宋朝商人不光以物易物，有时也会直接用铜钱购买。

西夏境内缺铜，所以跟高丽一样，会把收到的钱熔化，铸成其他物品。和宋朝打仗时使用的兵器，有不少就是这么造出来的。

宋朝皇帝对此非常生气，禁止人们携带大量铜钱出境，法令最严厉的时候，走私一贯铜钱就要杀头。然而，铜钱照样不断外流，“边关重车而出，海船饱载而回”……

走私铜钱屡禁不止的根本原因是什么?

官府出于统治需要（比如说，防止谷贱伤农），压低了铜钱在宋朝辖区内的购买力，成本可能比面值还要高。所以，民间“销钱为器”能赚到好几倍利润，铜钱一出境就“物以稀为贵”，七八枚至少能当十枚花。

这么大的诱惑摆在眼前，有人敢冒险，就不奇怪了。

许多国家的货币体系，也是宋朝铜钱的帮忙建起来的。

日本虽然模仿唐朝铸过钱，但是民间主要还是靠米、绢、麻等实物进行交换。自 12 世纪起，中国铜钱大量流进（就像开头的那一幕），渗透到日本人生活的方方面面，慢慢代替了实物交换。在接下来的 500 多年里，日本的货币经济离不开直接输入的“渡来钱”和“山寨”中国铜钱的“模铸钱”。

今天，如果一个国家的钱成为国际货币甚至世界货币，那好处可太多了——

不管在境外消费还是投资，都方便；靠印钞“薅羊毛”（就是前面介绍的“铸币税”），换取全球财富；在国际金融体系当中拥有话语权，通过汇率变动影响其他国家的货币政策；货币流动性高，可以把国内的金融风险转嫁给别国，别国发生金融危机时，却很难严重影响到它；等等。

然而在宋朝，君臣对铜钱外流现象都非常头疼，李觏（gòu）在《富国策》里就痛心疾首地写道：“至于蛮夷之国，舟车所通，窃我泉货，不可不察！”

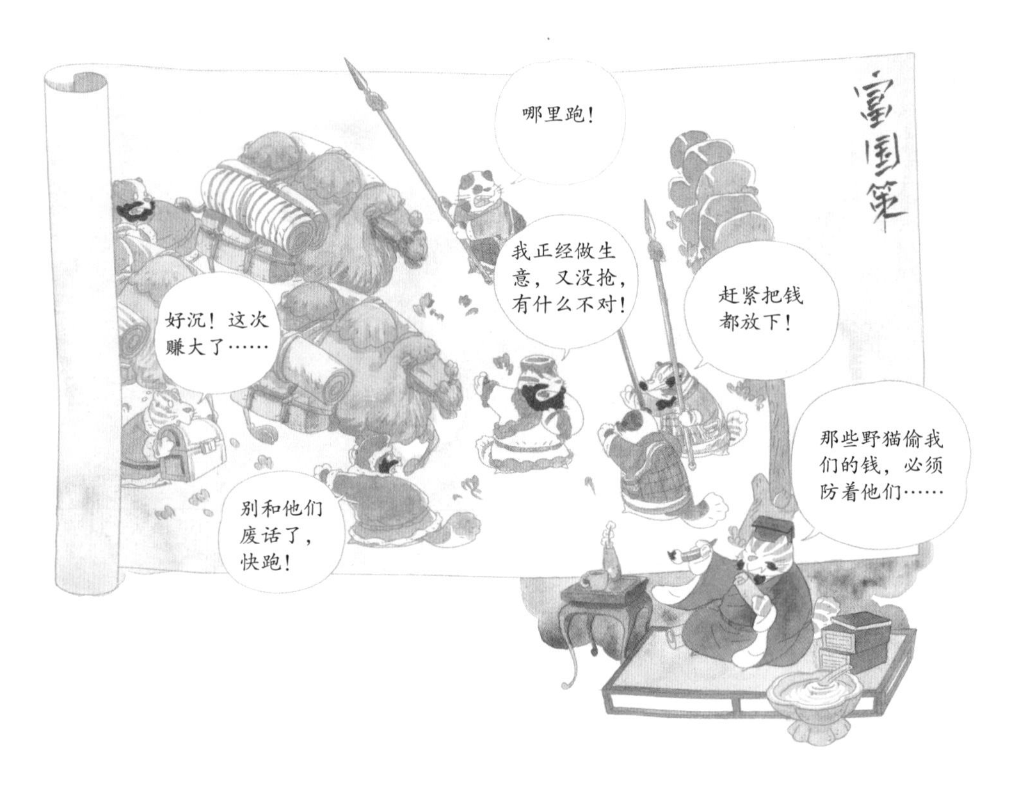

这是为什么呢？

关键在于，纸币是信用货币，成本远远低于面值，而铜钱并非如此！

铜这种贵金属资源的不断流失，会引发很多问题，削弱国力。

宋：变法，“续命”还是“催命”？

北宋时期的经济空前繁荣，农业税跟劳役负担也都比唐朝高，然而官府却总在哭穷，是为什么呢？

因为有两张“大嘴”，把财政收入源源不断吸走了！

北宋是在五代乱世以后建立的，自然不想变成短命的“六代”，所以北宋君臣要拼命绕开五代踩进去的那些“坑”。

开国之初，他们一通商议，认为之前和走马灯一样改朝换代，原因是从中唐以来，藩镇过于强大，完全有底气无视中央朝廷。

怎么办？

自然是削弱地方的“武功”，让他们想谋反也有心无力！

藩镇的长官叫节度使，简直是“土皇帝”，在自己地盘上什么都能说了算。

朝廷一看，这还了得！决定进行改革。于是，节度使被拆成了四个官职——安抚使，管军事跟民政；转运使，管财政跟转运粮食；提点刑狱，管司法监察；提举常平，管赈灾用的常平仓跟农田水利。

在中央，权臣同样要提防。于是，宰相的职责也给拆成了好几份——同平章事（正宰相）、参知政事（副宰相）管民政，而这群人经常想法不一样（这也是皇帝有意为之），政事堂里隔三岔五吵架；枢密院管军政，然而只有调兵权，练兵权则归“三衙”，打仗时还要另选将帅领兵；三司管财政，其长官三司使又叫“计相”。

在中国历史上，宋朝的官制最复杂。官员们互相牵制，像篓子里的螃蟹一样互相“扯后腿”，所以不管是谁，都没有足够的权力和资源来作乱。

但消极的一面是效率低了，本来一个官就能办的事，要这么多官来分头办理，“打酱油”的人自然变多了。

宋朝科举及第的人数空前绝后，平均每年大约是唐朝的 5 倍、是明清的 4 倍，光是真宗景德二年（1005）就录取了 3000 多人。权贵子弟还可以靠父祖的“荫补”，不用考试就能当官。真宗天禧年间，在册官员 9785 人，五十年过去，膨胀到了 24000 人。

有个很形象的比喻，叫“十羊九牧”。而且宋朝官员的俸禄相当高，百姓要养活这么一大堆趴身上吸血的“寄生虫”，自然怨声载道。

军队规模同样吓人，开国时有 20 万人左右，不到一百年就膨胀到 120 多万人。

北宋实行募兵制，一旦入伍，生活费就由官府出。仁宗皇祐年间（1049—1054）的税赋收入有钱、绢帛、粮、草四项，用于军队的开支分别占了 30%、102%（超支了）、76% 和 84%。

遇到水旱灾荒时，百姓流离失所，官府就会去招兵，免得他们走投无路而造反。这是宋太祖立下的规矩，他说：“可以利百代者，唯养兵也。方凶年饥岁，有叛民而无叛兵”。

这么“贵”的兵，在战场上却一点都不能打！军队里老弱病残一大堆，也不重视训练，碰见辽和西夏的精锐，自然败多胜少。

“冗（rǒng，多余无用）官”和“冗兵”，必然导致“冗费”。所以北宋财政压力巨大，逐渐陷入贫困和衰弱，濒临崩溃边缘。到仁宗庆历年间，财政赤字越来越大，不改革已经不行了。

首先站出来的，是语文课本上的“老熟人”范仲淹，他当时是参知政事。

不管是个人还是国家，想积累财富，只有两条路——开源和节流。范仲淹选了后一条：削减财政开支。他的改革在后世被称为“庆历新政”。

范仲淹“对症下药”——既然政府规模过于庞大，就把它缩小，这样自然可以节省开支。

他先针对“冗官”开刀：

改革考核制度，不让那些“摸鱼”混资历的家伙升上去，选靠谱的人去当地方官；限制“二代”甚至“N 代”靠“荫补”上岗。

同时，他还给百姓“减负”：

修水利、搞税收优惠，鼓励大家好好干活；把人口太少的县跟别的县合并，减轻百姓的徭役负担。

范仲淹拿着各路（跟省差不多）地方官的花名册，发现不称职的就勾掉，相当于罢免官职。

同事富弼劝他：“您这么一笔下去，他们一大家子就该哭了！”范仲淹坚决地说：“一家哭，哪比得上一路的百姓哭呀？”这些人是自作自受，要是放着他们不管，辖区里的百姓就都给祸害了。

甩掉了这些混吃等死的蛀虫，朝廷“轻装上阵”，办起事来利落多了。然而，范仲淹几乎把全天下的官员都得罪了。

他们不甘心把到嘴的肉吐出来，哭哭啼啼向皇帝告状，还诬陷范仲淹和富弼、欧阳修等人“结党”，抱团争权。这个罪名在宋朝可犯了大忌讳，皇帝耳根子软，也慢慢动摇了。仅仅一年多，“庆历新政”就坚持不下去了，范仲淹被外放，离开了汴京。

听完这个故事，再读《岳阳楼记》里的这几句，是不是格外感慨？

“不以物喜，不以己悲。”

“先天下之忧而忧，后天下之乐而乐。”

既然“节流”行不通，能走的路就只剩下“开源”一条。

神宗熙宁元年（1068），我们的两个“老熟人”——王安石和司马光，在延和殿吵了起来。

那年又是地震又是黄河决口又是大旱，救灾几乎掏空了国库。宰相提议，把例行给群臣的赏赐免了。神宗有些过意不去，想听听翰林学士们怎么说。

司马光举双手赞成：亲信大臣应该以身作则，带头省钱！

王安石却持相反意见：国家富有四海，省这点小钱无济于事，还失了大体。应该重用会理财的人，积极“增收”。

司马光不乐意了：所谓会理财，就是搜刮百姓！如果大家都被逼反了，有什么好处？

王安石反驳：真正会理财的人，可以“民不加赋而国用足”！

司马光还击道：这怎么可能？天地所生的“财货百物”，数量是一定的，不在民间就在官府。官府要是用各种“套路”从民间巧取豪夺，比单纯加税还坑人！

苏东坡认为，是否可以保留新法中的优点，去除弊端？

王安石认为，官府和民间并不是你多了我就少了的“零和博弈”，可以通过搞活经济，做大“蛋糕”，实现双赢。

年轻的神宗赵顼（xū）急于干出一番事业，于是让王安石当参知政事，从熙宁二年开始变法。

王安石的目标其实和范仲淹一模一样：富国强兵。新官上任，他点了哪几把火？

青苗法——农民每年最难过的日子是“青黄不接”的那一段：庄稼还没收获，存粮却已经吃完了。

地主经常乘人之危，农民想活下去，就只能不顾后果地借高利贷。

所以王安石规定，由官府给农民低息贷款（每半年的利率是二分或三分），到收获季节再归还。这么一来，官府赚到了钱，民间贫富差距也不至于过大。

农田水利法——鼓励垦荒和兴修水利，谁提出了有用的建议，可以受奖。如果工程要花的钱太多，百姓一时凑不出来，可以联名向官府贷款。

免役法——宋朝百姓要轮流给官府无偿“打工”，如收税、抓贼、传令等。负责供应、保管和运输官物的“衙前”最惨，不光路费要自己出，东西丢了坏了也得赔，一不小心就会倾家荡产。王安石规定，百姓可以用交钱替代服徭役，官府再拿这笔钱来雇人干活。

方田均税法——清查丈量全国田地，核实每户的田地数量，根据地势、土质等条件划分等级，田地越好，纳税越高。这么一来，“偷税漏税”的风气就能刹住，也更加公平。

市易法——设置市易务，发现什么东西卖不动就平价收购，等紧俏时再卖出,赚一笔差价。商人也可以向市易务赊账或者贷款,年利率二分。

均输法——设置发运司，不管是收税还是采办朝廷所需物质，都可以“徙贵就贱，用近易远”：在物价高、距离远的地方收钱，去物价低、距离近的地方购买。

有点眼熟，对不对？翻到盐铁会议那里复习一下……

所以司马光吐槽，王安石简直就是桑弘羊再世。

这些“法”看起来都挺靠谱，不待见它们的人却一大堆，为什么？

一方面，变法当然会得罪人！

实行免役法，是为了让专业的人做专业的事，效率比原来高，也不会耽误大家种田。可是，官员、没有男丁的人家、寺庙道观之前不用服徭役，现在也要减半交钱，所以炸了窝。

另一方面，执行过程中，再好的“经”也可能念歪了。

官员为了自己的政绩，让青苗法变成了强制贷款，大家就算不需要也必须借贷，白白给官府利息。

市易法和均输法的初衷是防止大商人掌控物价、牟取暴利。可是，养市易务和发运司的一大堆官吏就要不少钱，所以常年亏本经营。为了增加收入，他们强买强卖、敲诈商人，把市场秩序搅得一团糟。官府关注什么，什么就涨价。

王安石错了吗，从今天的角度来看，他的观点似乎比司马光更有道理。

可问题在于，“蛋糕”还是只有那么大——工业、配套的“科技树”、广阔的市场，北宋一个都没有。离了这些，前面王安石画的“饼”就只能落空。司马光批评他忽悠皇帝与民争利，也并不冤枉。

他们俩各拉了一群帮手，在朝堂上隔三岔五地打“辩论赛”，越嚷嚷越上头，逐渐从讨论问题本身演变为对人不对事，非黑即白。

结果两边都当王安石是“叛徒”，来了个“双打”。到后来，无条件追随王安石的，只剩下没什么底线的“官迷”，新法也成了变着花样祸害百姓的政策。

神宗去世以后，他母亲太皇太后高氏垂帘听政，立刻重用司马光，把新法废了个干净。然而，小皇帝哲宗赵煦亲政以后，又把新法请了回来。

国家大事简直成了翻煎饼，两面都糊了。新旧党争这种“绝症”始终无法解决，其阴影一直笼罩北宋，直到北宋灭亡。

宋元明：纸币的“前世今生”

说起纸币，我们谁都不陌生。虽然它被移动支付“抢了风头”，已经难得一见了……

世界上最早的纸币，是北宋前期在四川出现的“交子”。

“交子”长什么样?

至今还没有发现实物，所以说不准。史料记载，它上面有人物、房屋、树木之类的图案，还有发行方的花押暗记（相当于今天的密码和签名）。它是“朱墨间错”的，可能是红黑双色套印，也可能是用朱色印章盖在印刷出来的票面上，与墨笔题号相配合。

为什么要这么复杂?

为防伪！纸币的原材料不值钱，如果没有工艺上的“门槛”，谁都可以造假，货币体系就彻底乱套了。

2019 版人民币上，也有好多“黑科技”——

换个角度观察钞票，会发现面额数字颜色变了，还能看到一条亮光带上下滚动；安全线的颜色同样会变，如果透光观察，能看到精细的面额数字；左边空白处有人像或者花卉水印……

四川为什么要发明“交子”？

在北宋，四川地区使用的不是铜钱，而是铁钱。铁钱的购买力比铜钱低得多，差不多是 1∶10，有时甚至是 1∶14。

标准的铜钱，一贯（1000 枚）重六斤半左右，而同等购买力的铁钱就得将近七十斤，非常笨重。当时的人抱怨说，“街市买卖，至三五贯文，便难以携带”。那数额更大、路途更长的交易，就更不方便了。如果想买一匹轻薄的罗（丝织品），就要两万钱，逛个街难道还要让车拉着钱一路跟着自己吗……

为什么有些地区用的是铁钱?

可能是因为缺少铜料，比如四川；也可能是为了防止铜钱外流，比如和辽、西夏接壤的州县；还可能是想要缓解“钱荒”，铁比铜更常见，用铁铸钱的话，进入流通领域的货币就更多了。

当时四川盛产盐、茶、丝绸，货币流通量很大，铁钱成了商贸发展的“拦路虎”。不过，办法总比困难多！出现了一批专门替商人保管现金的店家，叫“交子铺户”。拿到铁钱以后，店家就给储户开一张“交子”，面额是根据实际情况填上去的。

“交子”类似现在的活期存款凭证或者现金支票，还不能算纸币，并且它们的式样也不统一。

“交子铺户”的财力都不得了，在商界信誉也好。所以，大家对“交子”越来越放心，渐渐开始直接拿它来支付——如果非要花铁钱的话，取出来不一会儿又得存进去，白白损失手续费。

这么一来，“交子”便慢慢有了信用货币的模样，持有人可以向发行者兑换铁钱，也可以直接用来买东西。

史书说，“交子”源自“飞钱”。

钱没长翅膀，怎么能飞呢？其实是这么回事——

唐朝中叶，各地商人到长安做生意，如果把大笔现金带来带去，不安全也不方便。而且，实行两税法以后，对货币的需求量变大了，“钱荒”已经出现。朝廷为了防止京城的货币大量外流，禁止商人带钱出关，各州县常常也不许带钱出境。

于是，商人们将钱交给进奏院（地方军政机构在长安的据点，相当于现在的“驻京办”）或者业务范围比较广的富商，领到一张凭证，就可以轻装上阵了。回家以后，拿着凭证到本地相应机构去取钱。

“飞钱”也叫“便换”，类似借据或者汇票，不能用来买东西，也不能在市面上流通，所以不算货币。

然而，有些“交子铺户”经营不善、财力大不如前，或者唯利是图、不守信用，发出去的“交子”比店里的铁钱多，储户想取款时，根本取不出来。

这种案子多了，官府就开始对“交子铺户”进行整顿，把分量不够的铺子踢出去，选出 16 家富商联合主持“交子”的发行。

但是，滥发“交子”、挪用储户存款的问题并没有解决。那些富商的生意可不止这一样。他们拿收进来的铁钱去买田地和房子、开店、进货，万一蚀了本，应付不了冲过来取款的“大军”，就只能关门躲账。

哪怕官府出面干涉，存进去的一贯现钱，也只能兑出来七八百，储户损失惨重，纷纷闹事。

一气之下，官府销毁了印版，不允许再发行“交子”。

问题就这么解决了吗？

摁下葫芦浮起瓢……

百姓用惯了“交子”，再回到铁钱时代，就非常不适应。民间交易受阻，之前熙熙攘攘的市场很快萧条下来。

北宋仁宗天圣元年（1023）四月，薛田出任益州知府。“交子”的命运，在很大程度上掌握在他手中。

经过一番调研，他提议将“交子”收归国有，由政府负责发行。同年十一月，设立“益州交子务”，次年二月，在薛田主持下，首次发行了“官交子”。

“官交子”和之前的“私交子”有什么区别?

所有“官交子”都要加盖主管部门的大印，留下存根，兑现时要核对，免得出现假钞。

面额也固定了，不能拿来多少铁钱就写多少。最初“官交子”有 1 贯到 10 贯十种面额，后来简化成 5 贯和 10 贯两种，再后来变成 1 贯和 500 文两种。面额变小，说明它不再只是做大买卖时用，而是慢慢走进了千家万户。

“官交子”和“私交子”性质也不一样!

“私交子”类似兑换券，可以拿着它去兑换铁钱。而“官交子”是政府强制发行的信用纸币，到后来不能兑换铁钱了。

官府的监管使“官交子”更可靠，毕竟官府不可能轻易倒闭。

更关键的是，“官交子”发行额是受限的，最早一次发行 1256340 贯，政府拿出 36 万贯铁钱充当准备金，叫“交子本钱”。

发行纸币为什么要有准备金？

金银铜之类的贵金属本身稀缺，自然可以控制货币的发行量，这么一来，购买力就有了保证。但一张小纸片的价值比面额差远了，所以纸币能不能成功，取决于百姓是不是乐意用。

想让百姓欢迎纸币，它的购买力就不能出问题。准备金是替纸币“撑腰”的硬通货，允许百姓凭纸币兑换这些硬通货，从而加强对纸币的信心。

官府为了稳定“交子”的币值，规定可以用它纳税，而且“交子”贬值时就拿金属货币来兑换，升值太明显时就将囤积的金属货币抛出去一部分，来保证供需平衡。

神宗熙宁五年（1072），朝廷还在成都设立了专门的造纸机构，用“特种纸”来印刷“交子”，好防止伪造。

熙宁年间，也就是“交子”在四川流通半个世纪以后，朝廷对西夏用兵，军费高得吓人，手头越来越紧，开始“病急乱投医”。

在小纸片上印点东西就能当钱花，这种天上掉馅饼的事哪能错过？于是，官府开始增大“交子”的发行量，并且让河东（现在的山西）、陕西也使用“交子”。然而，四川以外的地区商品经济水平低，几次发行“交子”都失败了。

到了徽宗在位时，“交子”超额发行情况越来越严重，官府拿这当增加财政收入的好办法，连准备金都不留了，于是币值“大跳水”，不到天圣年间的10%，几乎成了废纸。

徽宗崇宁四年（1105），推出了新的纸币——“钱引”。大观三年（1109）朝廷宣布“交子”全部作废，用“钱引”取而代之。

和“交子”一样，“钱引”只能在使用铁钱的区域流通，使用铜钱的区域不可以。官府发行的有价兑换券叫“引”，所以领盐或茶去卖的凭证分别叫“盐引”和“茶引”。

食盐和茶叶在当时是官府垄断的物资，商人把一定数量的粮草、现钱交到京师或边关，就能拿到“盐引”和“茶引”，再靠它去产地提货。以此类推，“钱引”就是领钱的凭证。

“钱引”有 1 贯和 500 文两种面额，是三色套印，比“交子”漂亮多了，每张上要按顺序盖六枚印章，四枚是黑色，一枚是蓝色，一枚是红色。六枚印上都有吉祥图案装饰，例如，蓝色那枚上是鱼跃龙门、缠枝太平花等，红色那枚上是诸葛孔明羽扇指挥三军、尧舜垂衣治天下等。

官府为了重建百姓对纸币的信心，打出了和刚发行“交子”时差不多的“组合拳”，规定“钱引”和铁钱同价，甚至把准备金调高到 50 万贯，很快就见效了。

“钱引”的寿命有 140 多年，到南宋理宗宝祐二年（1254）才停用，是宋朝流通时间最长的一种纸币。

在南宋，流行的纸币还有“会子”“关子”。“会”和“关”的意思可能跟“交”差不多，都指合券取钱。

宋代某种纸币

南宋会子

南宋关子

南宋晚期，这些纸币陷入了和之前“交子”一样的死循环：朝廷连年打仗，败多胜少，国力日渐衰弱，财政越来越紧张。蒙古军队的攻入使四川地区陷入混乱，赋税收不上来，雪上加霜。

实在没辙，官府只能超发纸币来弥补亏空，这无异于饮鸩止渴。

官府的背信弃义导致纸币急剧贬值，人们都不愿接受，市场秩序完全乱了套。

和南宋并存的金朝把纸币学去了，而且有不少好玩的特点——统称“交钞”，发行时间比铜钱还早。

金是中国历史上唯一同时使用纸币、铜钱、白银的王朝，对后来的元明清三代影响深远。

宋朝的纸币基本都是“区域限定”，例如“会子”主要在两浙。然而金朝“交钞”的流通范围和铜钱差不多，接近全国性货币。

宋朝纸币都设定了有效期，叫“界”，一般是三年，也可能更长。到期以后，必须将纸币兑换成铁钱。如果主人还希望继续持有，以旧换新也没问题，但是要交一点成本费。

这样有利于国家控制纸币的发行量和流通量，对纸币的信用却没好处。

金章宗大定二十九年（1189），允许“交钞”永久使用。差不多

60 年以后，南宋“会子”也取消了“界”。发展到无限期流通以后，纸币的地位更加稳固。

然而，金朝纸币碰上了同样的“诅咒”——

进入 13 世纪，面对蒙古和西夏的进攻，朝廷财政枯竭，实在筹不到军需，只好把纸币的印造权下放给了沿边驻军。导致“交钞”发行失控，购买力暴跌，每贯实际不值一文，出现恶性通货膨胀。金朝灭亡前夕，“腰缠万贯”出门，只能买回来一块饼。

蒙古人跟金朝学，也开开心心用起了纸币。

忽必烈称帝之前，蒙古帝国就在华北地区发行过三次纸币，然而持续时间都很短。

元朝建立以后，纸币“更上一层楼”。

世祖中统元年（1260），规定只用纸币，并发行了“中统元宝交钞”，简称“中统钞”，没有时间和区域限制，可以在全国长期流通。

当时铜料严重不足，铸钱成本也很高，所以用铜钱不划算；白银又过于贵重，不适合老百姓买小东西，而且被官商大量贩去中亚，留在国内的并不多。

具体主持“中统钞”发行的臣子，是王文统。他认真吸取了金朝的教训，对症下药——

各种赋税都收纸币；用白银当“钞本”，可以随时兑换；严格控制发行总量，一开始每年只有 10 万锭左右。

所以“中统钞”的币值相当坚挺，大家对它“爱之如重宝，行之如流水”。

威尼斯人马可·波罗在他的游记里提到，根据元朝法律，拒绝使用纸币或者制造假钞都要判处死刑。他说，印钞简直是神奇的“点金术”，用最便宜的材料能换取最贵重的东西。

欧洲最早的纸币，是瑞典斯德哥尔摩银行受中国影响，于 1661 年发行的。

关于纸币，元朝出台了一整套创意十足的管理措施，比宋朝和金朝都要严密。可以说，元朝纸币是近代纸币的雏形。

然而，再好的制度执行起来都免不了走样……

忽必烈在位时，朝廷就重蹈覆辙，靠加印纸币来填财政窟窿。到后来更是想花多少钱就造多少，一年几百万锭，结果“钞法大坏”。

元朝末年，政府重新开始铸造铜钱，违背了忽必烈的“专行纸币”政策。结果人们只认铜钱，纸币贬值越来越严重，一百年间物价上涨了两千多倍。

当时流传着一首叫《醉太平》的民谣：“堂堂大元，奸佞（nìng，巧言谄媚的小人）当权，开河变钞祸根源，惹红巾万千。官法滥，刑法重，黎民怨。人吃人，钞买钞。何曾见？贼做官，官做贼，混愚贤，哀哉可怜！”

“开河”指治理发水灾的黄河，百姓不知累死了多少；“变钞”和“钞买钞”指朝廷乱来一气，用粗制滥造的新钞压价回收旧钞，等于明目张胆地抢劫。

百姓实在活不下去，纷纷起义。可以说，货币政策失误是元朝灭亡的导火线。

除了元朝，蒙古帝国还包括四大汗国——金帐汗国、察合台汗国、窝阔台汗国、伊儿汗国。

13 世纪末，伊儿汗国由于君主花钱大手大脚，国库里空得快能跑耗子。

有个臣子说，可以仿照元朝，靠印钞来解决财政危机。

君主一听乐开了花，下令在首都帖必力思（现在伊朗的大不里士）发行纸币。他这么一拍脑袋决策，自然没有靠谱的管理制度，更谈不上

准备金了。所以，大家都不认纸币，市集上什么也买不到，商队干脆不来了，人们纷纷逃出城去，经济完全瘫痪。

两个多月过去，民众忍无可忍，集体暴动。直到君主答应恢复金属货币流通，城里才又繁荣起来。

由于这一系列的“穷折腾”，君主失去了民心，第二年就在政变中被杀。

纸币的信用是好是坏，要看给它“背书”的政权实力强弱，还要看

发行量有没有超过市场需求量。

伊儿汗国君臣一点不懂经济规律，妄想通过印钞让“现金充盈于国库”，无疑是白日做梦。

洪武八年（1375），明太祖朱元璋照着元朝纸币的式样，发行了“大明通行宝钞”，印在桑皮纸上，考虑到有人不识字，还在票面上画了钱串的图案，一串代表 100 文。

前面几个王朝都明白纸币的原理，也知道怎样维持它的价值，只是执行时没有一以贯之。明朝开国君臣却是“金融盲”，认为只要下令说纸币值多少钱，再用严酷的法律逼百姓接受，就大功告成了。

大明通行宝钞

所以，“大明通行宝钞”完全没有准备金，不限量发行。

朝廷规定，每贯宝钞相当于一千文铜钱、一两银子、四分之一两金子。然而，这个汇率只在用贵金属兑换纸币时有效，反过来不可能。于是，纸币变成了从百姓手里“骗”真金白银的圈套。

为了让纸币畅行无阻，朝廷严禁使用金银交易和以物换物。规定100文以上的买卖用纸币，100文以下的用铜钱。

朝廷的“小算盘”打得特别响，花钱时尽量多用纸币，收税时却想方设法要硬通货。缴纳商税时，顶多七成用纸币，剩下三成必须用铜钱甚至金银。百姓没办法，只能高价去买贵金属，纸币价值立马“大跳水”。

明朝建立没多久，纸币体系就崩盘了。

洪武二十三年，浙江一带的“大明通行宝钞”贬值了75%；洪武二十七年，一贯宝钞只能换到160文铜钱。

到明宪宗成化年间（15世纪下半叶），一贯宝钞也就相当于几枚铜钱，大额纸币掉在街上，人们都懒得去捡。

货币这件事上，百姓不敢再信朝廷，怎么办?

下一篇的主角登场了……

明清：白银，笑到最后的货币

下面的场景，我们在影视剧里很可能见过——

主角走进茶楼或酒馆，摸出个银元宝拍在桌子上，点名要最好的东西。古人真是这样过日子的吗？这个银元宝又相当于现在的多少钱？

白银作为货币，比金和铜要晚得多。在很长一段时间里，它只是用来打造首饰之类器物的一种漂亮金属。

1956 年 12 月，西安大明宫遗址出土了一块银子，它又长又直，形状像大臣拿着上朝的笏（hù）板，学名叫“银铤（tǐng）”。

它正面刻着“专知诸道铸钱使兵部侍郎兼御史中丞臣杨国忠进”，背面刻着“天宝十载正月 日税山银一铤五十两正”。

杨国忠是杨贵妃的堂兄，擅长理财，因此深受唐玄宗重用，手握财政大权。为了方便存储和运输，他把收上来的赋税折合成银铤，再献给皇帝。

前面提到过，货币有五种职能，还记得吗？

银铤在当时可以充当贮藏手段和支付手段，然而不能直接买东西，没有价值尺度和流通手段的职能。

到了宋朝，“银铤”改名叫“银锭”，分为大锭、中锭和小锭，大锭重五十两，中锭减半，小锭再减半。

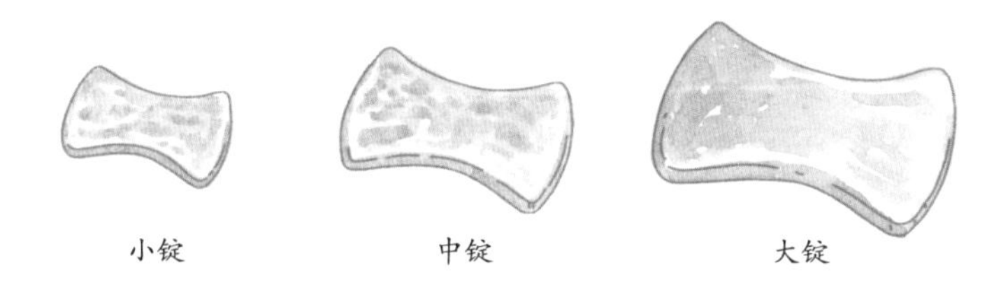

银锭的货币职能更强了，为什么？

宋朝的国内和海外贸易都比唐朝热闹多了，比起铜钱，白银价值大、重量轻，而且不受区域限制，用起来方便多了。

到了元朝，蒙古人受西域和中亚影响，入主中原以前就开始用白银做生意、借贷、表示物价。

至元三年（1266），平准库里的白银被铸成五十两一锭，叫“元宝”，就是元朝之宝的意思。

元宝为什么要做成这个形状？其实是跟之前几个朝代学的……

唐朝就出现了船形银铤，两头很夸张地翘起来。

宋朝的银锭“腰”更细，两头先是平的，后来变成圆的或者弧线。

白银的延展性好，铸造成这个形状，是为了证明纯度高、免得掺假。而且，古人拿钱出门，并不是揣在口袋里，而是“腰缠万贯”。元宝的样子，恰恰适合缠在腰间。

到了明朝，白银才压倒铜钱和纸钞，变成最重要的货币。

它为什么能“逆袭”，前面已经提过了——

朝廷发行纸币时胡来一气，铸造的铜钱数量也不够。民间为了自救，只能不理睬朝廷，回归价值相对稳定的硬通货。

学者彭信威说：“在纸币膨胀的过程中，人民的经济生活，倚赖银钱的庇护，如同暴风雨的时候，行旅躲在路旁亭子里的情形一样：虽然仍有疾风骤雨打进来，但比起外面来，究竟安稳多了。”

白银既然这么靠谱，之前的朝代怎么没想到找它帮忙呢？

因为弄不到那么多！

中国是“贫银国”，储量不算高，而且矿石质量低，技术水平不够的情况下，难以提炼。

明朝初年，延平府（属于福建）开设了 42 座冶炼炉，每年只出产 2100 两白银，浙江年产也只有 2780 两，与朝廷的开销相比，完全是杯水车薪。

黄金也差不多。成化年间，明宪宗下令在湖广开采金矿，每年有 55 万民夫干活，“伤于蛇虎、死于大水”的不计其数，结果只得到 35 两黄金，显然是赔本买卖。

海上贸易兴盛起来以后，缺少白银的问题才解决！

中国生产的丝绸、瓷器和茶叶，对许多国家来说都是“刚需”。然

而中国自给自足，对外国产品的需求并不大，想填补贸易逆差，只能靠白银。

国际贸易当中，收入大于支出叫“顺差”，支出大于收入叫“逆差”。

来到中国的白银，“原籍”有两个：先是日本，再是美洲。

1526 年，日本发现了国内最重要的银矿——石见银山。1533 年起，日本用上了从朝鲜学来的“灰吹法”，先制造银铅合金，再让铅氧化沉积，就剩下了纯度比较高的银。

学者估算，17 世纪之前，平均每年有 91 万到 132 万两日本白银流入中国。

“新航路开辟”以后，西班牙在美洲建立了广阔的殖民帝国，用那里的资源“喂饱”自己。

1544 年，在玻利维亚的波托西发现了巨大的矿藏，几乎整整一座山都是白银！

波托西的白银，鼎盛时期占到了全世界产量的一半。

然而，那里的条件恶劣到难以想象，被称作“地狱的入口”。300 年里，800 万劳工（大多数是原住民）丢掉了性命。

东南亚的菲律宾，也是西班牙殖民地。它成了中国和美洲做生意的“中转站”。

16 世纪中后期，太平洋地区形成了一个贸易循环体系：

中国商船先把各种特产货物运到菲律宾首都马尼拉；然后，西班牙商人用“大帆船”把这些货物送到墨西哥西海岸港口阿卡普尔科（Acapulco）；“大帆船”回去时，把美洲白银运到马尼拉；西班牙商人再拿这些白银买中国货物。

由于季风和洋流，从马尼拉到阿卡普尔科的路不好走，往往需要半年；反过来会轻松些，只需要一两个月。

这种“大帆船贸易”虽然风险高，却非常赚钱，利润率有时能达到600%。

葡萄牙人控制下的澳门和印度果阿，也是重要的“中转站”。

他们建立了澳门—果阿—里斯本、澳门—日本长崎、澳门—马尼拉—墨西哥三条贸易航线，用日本与美洲白银换取生丝等中国货物。

学者估算，1572—1600年间，每年大概有56.4万两美洲白银通过马尼拉流入中国。而且，白银在中国能换到的黄金，比在欧洲多得多。

明朝初年，金银兑换比大概是1∶5，后来涨到1∶8，而在欧洲是1∶14以上。所以，欧洲商人也会拿白银到中国来换黄金，实现套利（把商品在不同市场买进卖出，赚取差价）。

白银是称量货币，没法像铜钱和纸钞那样直接看面额，所以使用起来很不方便。

假如你在明朝开店，有人拿着五十两的元宝过来，买二十两的东西，你会怎么找零？如果信任那个人，就收下元宝，另拿三十两给他；如果不信任，就用“夹剪”把元宝弄成两半，自己留下二十两那块。

当时常见的骗术，是拿假元宝坑人——外面包一层薄薄的银皮，里面是铅。所以商人吃一堑长一智，都防着这个。

簇新的元宝，就这么在流通当中被剪得零零碎碎，也许过一段时间，又会被银楼收回去，重新铸造成元宝或者锞（kè）子（小银锭，造型往往比较花哨，可以当成给孩子的“压岁钱”）。

白银价值高，买针头线脑时，找零很难做到刚刚好，所以可能还要用到铜钱。铜钱和白银的兑换比一直波动，把问题弄得更复杂了。

做生意的人都要带着戥（děng）子（称量贵重物品的小杆秤），收到白银就称一称。

更麻烦的是，白银的成色千奇百怪，很难统一标准。不存在 100% 的纯银，我们今天的银首饰中常见的“925 银”，纯度是 92.5%。

在清朝，人们构想出了一种标准，叫“纹银”，纯度是 93.5374%，但实际上这种纯度的白银并不存在。然而实际流通的各种元宝都要照这个标准折算。如果银元宝的纯度高于纹银，就称为“加水”，意思是比实际重量更值钱；低了就是“补水”，意思是价值要打点折扣。

在明清，做买卖想不被坑的话，要做的“数学题”可真不少！

白银用起来这么费事，为什么大家还离不开它？

主要是因为人们让朝廷制造通货膨胀的本事搞怕了，纸币完全失去了信用基础。发行多少宝钞或者铜钱，朝廷说了算，甚至靠这个“创收”。换成白银就不一样了，主导权在民间社会，朝廷很难掌控。

因此一开始，朝廷非常不待见白银，觉得它挑战自己的权威，三番五次下令禁用。然而，谁都无法跟经济规律作对，皇帝也不例外。

到了明朝中叶的成化、弘治年间，政府开支，不管是皇室生活所需、官员俸禄还是赏赐、军费、兴修各种工程，几乎都使用白银。

发实物太麻烦，宝钞贬值又厉害，所以朝廷也没有更好的办法，只能捏着鼻子认了。

宣德年间（1426—1435），商税、鱼课正式开始收白银。到了弘治年间，各项赋税、徭役都逐渐折成白银。

明穆宗隆庆元年（1567）下诏，民间做生意，货值在一钱白银以上，“银钱兼使”；在一钱白银以下，只准用铜钱。

和明朝初年情况一对比，铜钱照样流通，“打辅助”，白银却把纸币顶掉了。

万历皇帝朱翊（yì）钧继位时年纪很小，张居正掌权，将“一条鞭法”推向全国。

“一条鞭法”是一种简化的赋税和徭役制度，即把每个地方要收的田赋和五花八门的徭役、杂税合并，折成白银，用总额除以这里的土地总面积，就算出了每亩田要交多少白银。

这么一来，在理想状况下，拥有越多田地，所要缴纳的税就越多，穷人可以稍微喘口气。

大家也不再被束缚在土地上，可以自由进城打工或做点小生意，能选的路变多了。

白银“C 位出道”成为主要货币，是由百姓“用脚投票”，自下而上推动朝廷接受白银的结果。

明清：“金融三姐妹”——当铺、钱庄、票号

古代没有银行，着急用钱的话，除了向亲朋好友借，还有别的办法吗？

鲁迅少年时家里连着出事，他在给小说集《呐喊》写的序里回忆：“我有四年多，曾经常常，——几乎是每天，出入于质铺和药店里，年纪可是忘却了，总之是药店的柜台正和我一样高，质铺的是比我高一倍，我从一倍高的柜台外送上衣服或首饰去，在侮蔑里接了钱，再到一样高的柜台上给我久病的父亲去买药。”

这里提到的“质铺”，就是典当行。

在电视剧里，我们也常常能看到它们的身影——大侠或者千金落难了，就把身上的玉佩之类贵重物品送进典当行，换点零钱。

典当，是拿自己的财物作抵押来贷款。期满如果能付清本金跟利息，就可以把抵押物取回去；如果不能，抵押物就归典当行了。

典当行有好多名字——

据说最早办这种业务的是南朝的寺院，距今有 1500 多年了。

那时候它叫“质库”，“质”有抵押品的意思，如“人质”。

典当生意的“门槛”很高，需要雄厚的本金和广阔的人脉，而且来钱又快又稳定，所以到唐朝，达官贵人也开起了典当行。

在宋朝，它叫“抵当库”（国营的）、“长生库”“解库”等。张择端的《清明上河图》里就出现了一家当铺，挂着大大的“解”字招牌。

到元朝，它又叫“解典铺”，大多是回族商人开的。

明清时期，北方的典当行大多是山西和陕西商人开的，南方的大多是徽商开的，分成“当铺”和“小押当”两种。前一种有执照，店面比较大，也比较正规。后一种收的往往是前一种拒绝的东西（如破烂货、赃物），开价更黑、当期更短、利息更高。

当铺是什么样子的呢？

屋子坚固，墙高窗户小，如同碉楼。大门上钉着铁叶子，外头还有结实的木栅栏。当铺里头贵重物品多，这是为了防火、防盗抢。

大门里头往往有屏风或者照壁，挡住外头的视线，据说是为了给来当东西的人留点面子。

当铺的柜台特别高，有四五尺，为什么？

一方面是制造心理压力。柜台里头的店员站在踏板上，比来当东西的人高出一大截，就显得底气更足，方便压价。另一方面是怕来当东西的人被压价压急了眼，对店员动手。

当东西的流程是怎样的？

来当的人把东西举到柜台上，负责估价的店员（叫“朝奉”）验货以后，报出钱数，如果双方谈拢了，就开出“当票”，一手交钱一手交货。

当铺收的东西主要是这几大类：衣服皮货、金银首饰和玉器、家具、铜锡器皿。由于怕看走眼，敢收古玩字画的当铺不多。

在整个流程当中，每一个环节都有大学问！

朝奉必须眼力好、知识面宽，碰见什么东西都能说出个子丑寅卯。

在估价时，不光要辨别东西的真假、质量，还得考虑一大串因素：是不是好保管、对方的家境如何、时局是不是稳定……

这些门道一辈子都学不完，所以在当铺里，朝奉坐第二把交椅，仅次于总管。

总的来说，当铺规矩是“逢十当五”，即抵押贷款的额度是东西价值的50%。

东西越贵重、越不容易损坏、越容易出手、来当东西的人信用越好，能拿到的钱就越多。比如说，金银首饰和玉器一般照七折开价，新衣服照五折，旧衣服只能照两三折。

和买旧货不一样，如果确定对方能来赎当，朝奉就不会压价太狠，因为贷款额度高了，利息自然更多。穷人通常没机会赎当，所以朝奉能压多低就压多低。

“当票”上的字迹如同天书，比医生开的药方还难认。

为什么要这样?

一方面，当铺的规矩是“认票不认人”，“当票”通常不挂失，谁拿着它来都可以赎东西。所以，店员特意把字写得又潦草又密，不让外行看懂，免得有人自己伪造一张票据来冒领东西或敲诈。

另一方面，“当票”上写的都是暗语，棉袄成了“帛夭”，玉器成了“粉石”，珍珠成了“凡壳”。而且总会把东西形容得破破烂烂，金器都是“光淡如银”，皮货都是“虫吃鼠咬、光板无毛”，衣服都是“油旧破补、缺襟烂袖”。

这样当然很气人，不过也是为了规避风险。万一东西在当期内变质了，或者拿来时成色有问题却没发现（如金银首饰里夹了铅、锡等），当铺就可以靠这个免责。

当铺的库房管理很严格，东西分门别类存放，防鼠、防蛀、防潮一个都不能少，定期会换樟脑丸、清点数量、检查状况，并把衣服皮货拿出来吹风晾晒。因为如果东西损坏了，物主会拒绝赎当，吃亏的是典当行自己。

有些不差钱的人也会钻这个空子，把贵重物品（特别是难打理的毛皮之类）送去当掉，等要用了再赎回来，相当于租了一个“保险柜”。

最常和当铺打交道的是什么人?

其实并不是真正的穷人，而是那些有定期收入却总是“超前消费”的人，或者是家道中落只能“吃老本”的人。老北京有句俗语：“穷不离卦摊，富不离药罐，不穷不富，不离当铺。”

当时的法律规定，当铺利率不能超过每月三分，也就是年利率36%。这相当吓人了，现在法律规定，只保护年利率24%以下的民间借贷，超过36%就是实打实的高利贷。

“当票”的有效期，通常是两年或者两年半，过期不来赎的话，就叫“满当”或者“死号”，当铺有权将东西处理掉。“满当”物品通常由当铺联系对应的商店，比如说估衣铺（专门卖旧衣服的店铺）、金店，让几家竞价，整批出手，很少零售。

当铺的收益，一部分是赎当时拿到的利息，一部分是转卖“满当”物品时的差价。

年景比较好的时候，通常“十当九赎”，“死号”不算多。然而到了民国，衣服首饰的时尚变得又快又彻底，世道又乱，当铺的生意就没那么好做了。

干这行需要大笔流动资金，所以当铺会吸收公私存款，和今天的银行有点像。在清朝，“发典生息”是官府的标准操作：拨出一笔款项，交给可信的大当铺，等着吃利息。有钱人也乐得把积蓄存到当铺里，每月利率可以达到七八厘（0.7% ~ 0.8%）。

古时候，大家讨厌当铺，但往往又离不开它。

一方面，有人说当铺是“贫民金融机关”或者“穷人的后门”，干这行的也觉得它裕国便民，通过融资，给大家解燃眉之急。一定程度上，它有慈善属性。如果不存在这样的变现手段，急着用钱的人走投无路，可能会卖儿卖女、铤（tǐng）而走险，甚至寻短见。

另一方面，当铺又有点“趁人之危”，不管是利率还是压价都够狠，所以经常被吐槽欺压百姓，而且越穷受当铺的盘剥就越严重。雪上加霜的是，当铺店员向来摆着张冷脸，说话也刻薄，特别招人恨。

吃上了当铺饭，就一辈子不能改行。这既是因为估价和写当票之类专业知识都很难学，好不容易学会了，再完全撂下太可惜，也是因为积习难改。其他生意都讲究“和气生财”，对顾客那么不客气可不成。而典当行的不友好态度在其他行业中是行不通的。

着急用钱的话，还可以找钱庄。

这是长江流域的称呼，北方和华南大多叫银号。

不过，钱庄主要借钱给商户，类似今天的“企业贷款”，而不是“消费贷款”。

前一篇里提到，白银成了主要货币以后，重量和成色千奇百怪，买东西时总要折算，非常不方便。而且进入清朝，市面上流通的货币除了铜钱和白银，还有外国铸造的银圆（比如西班牙八里尔银币和墨西哥“鹰洋”）。这几种货币之间兑换的行情总在变，老百姓根本闹不清楚，必须让专业的人来操办。

明朝中后期就出现了经营这种业务的“钱铺”，也叫“钱店”或者“钱桌”。

到了清朝，钱庄和银号的“胃口”更大了，不光开卖首饰器皿的银楼或者金店，还吸收存款，玩起了信贷。

钱庄和银号营利是靠吃两种差价——

一种是老本行货币兑换，有不少空子可钻；另一种是贷款利息要比存款利息高，今天也这样。所以银行想赚钱的话，就要把尽可能多的存款贷给靠谱人，让钱周转起来，否则就等于亏本。

不同于当铺，钱庄和银号放款，是不需要抵押的，只看信用。

这样能行吗，商户拿了钱“人间蒸发”怎么办？

钱庄和银号里有个关键职位，叫“跑街”。决定放款以前，“跑街”要四处打听、分析情报，摸清楚商户的底细——资本是不是雄厚、准备拿这笔钱干什么、跟“竞品”相比优势大不大、股东和经理人的本事和品德怎么样……

当时没法像今天一样拿到企业的财务报表，只好这样兜一大圈子拿到有用的信息。

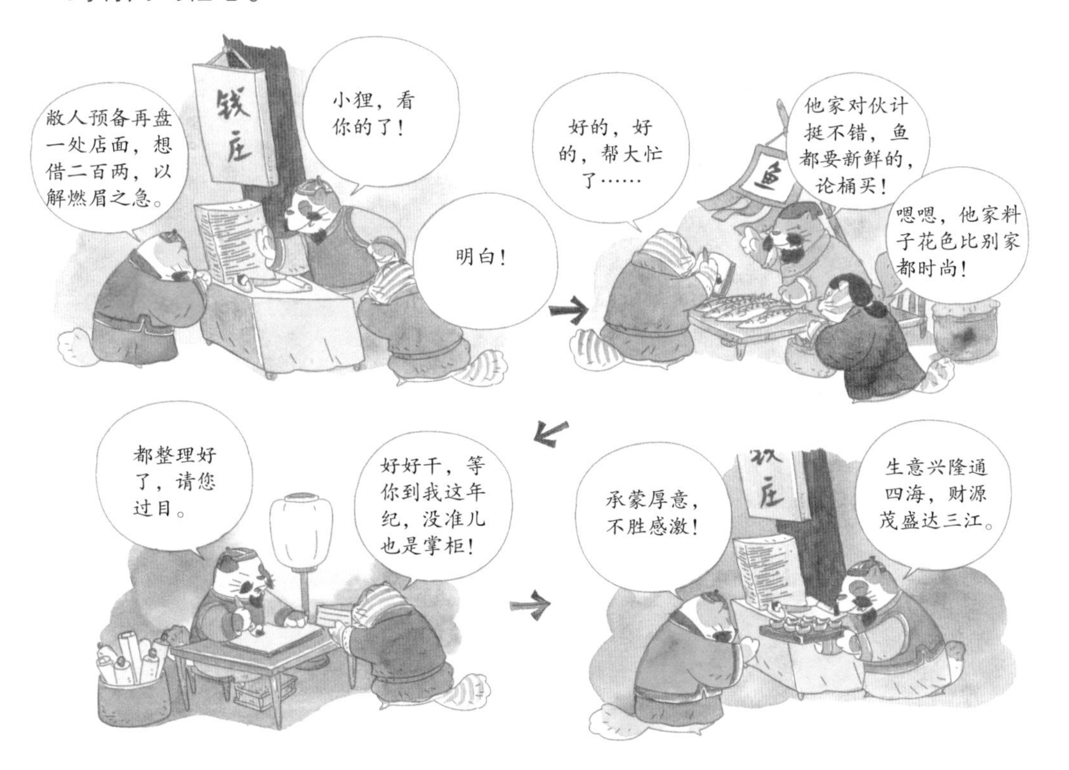

古时候算是“熟人社会”，各行各业的圈子都比现在小得多。谁要是信用破产，消息一传开，就寸步难行了。

晋商开的票号，可以说是钱庄和银号的升级版。在清朝，他们的商业版图可不得了！

晋商开拓出了一条输送茶叶到俄国的路线：从福建武夷山起，途经江西、湖南、湖北、河南、山西、河北、内蒙古 7 省，从二连浩特途经库伦（现在的乌兰巴托），最终到达俄国边境口岸恰克图（俄语意思是“有茶的地方”），全程约 4760 千米，其中水路 1480 千米，陆路 3280 千米。

在俄国境内，这条“万里茶道”继续延伸，途经伊尔库茨克、新西伯利亚、秋明、莫斯科、彼得堡等十几个城市，又传入中亚和欧洲其他国家。

我们在电视剧里看到的镖局，就是在清朝发展壮大的。

镖师们有一身好武艺，负责和盗匪斗智斗勇，将人或者财物安全护送到目的地。可是，只靠镖局的话，跑一趟要好长时间，收费高，风险也高。而且，生意场上机会稍纵即逝，如果由于没带够钱又没法很快借到钱而做不成稳赚的买卖，就太遗憾了。

这么大的“刚需”摆在那里，票号就应运而生了。

票号又叫“票庄”或者“汇兑庄”，业务已经和今天的银行差不多了：存款、放贷、汇兑、代办结算、债务清偿……

钱庄和银号通常不在外地开分号，如果有跨区域业务，就找当地的同行代理。

票号的摊子却大多了！它算得上最早进入国际市场的金融机构，全盛时期，在日本、朝鲜、俄国、印度、新加坡、英国的大城市都有分号。

晋商把钱存进一家分号，签发汇票，就可以通过在别处的分号，将这笔钱转给生意伙伴。比起累死累活、提心吊胆带着大笔银子赶路，这样当然灵活多了，也安全多了。

最早的著名票号，是道光初年开设的“日升昌”。今天在平遥古城还可以看到它，已经变成了“中国票号博物馆”。

他发现搞汇兑是生财之道，于是和东家李箴视商量，砍掉其他业务，专心经营票号。

其他票号纷纷跟进，包括日升昌的劲敌“蔚”字五联号。短短三十年间，平遥、祁县、太谷三帮发展的格局就出现了，这几座不显山不露水的山西小城成了全国金融贸易中心。

“北方民居建筑的一颗明珠”乔家大院就在祁县，是“大德通”和“大德恒”票号的东家乔致庸的住所。他把制胜诀窍写成对联，挂在内宅门上：“求名求利莫求人，须求己；惜衣惜食非惜财，缘惜福”。

到了近代，在上海之类的港口城市，钱庄抓住了新的机会。

鸦片战争以后，洋行进来了，采购土特产、销售工业制成品。给洋行跑腿的中国人叫“买办”，不少赚得盆满钵满。然而，洋行不信任本地商户，担心付钱以后收不到货、发货以后收不到钱。

那年头可没有支付宝之类的第三方平台，怎么办?

钱庄发明了“庄票”，不记名，小范围内可以当现金花，算是一种信用纸币，可以过一段时间再把对应的现金付给钱庄。

本地商户拿着“庄票”去和洋行做买卖。对有实力的钱庄，洋行相当放心。就算本地商户赖账，也不会影响钱庄和洋行结算。

这么一来，可以说是“三赢”——

本地商户和洋行能顺利做生意了，资金周转也更加灵活；而“庄票”要收利息，钱庄同样能尝到甜头。

钱业被誉为“百业之首”，别的商户们想融资，都离不开它。

通常来说，哪里经济越发达，票号、钱庄和银号之类金融机构的数量就越多、规模也越大。相当一段时间里，跟现代银行相比，它们丝毫不落下风。然而进入民国后，不管是票号还是钱庄和银号，都纷纷关门大吉。这是为什么呢?

因为政局动荡，它们跟着倒霉。

战乱当中，铺面有的被烧掉，有的被抢了个精光，血本无归。清朝灭亡时，欠各家票号的银子加起来有 700 万两，直接不还了。

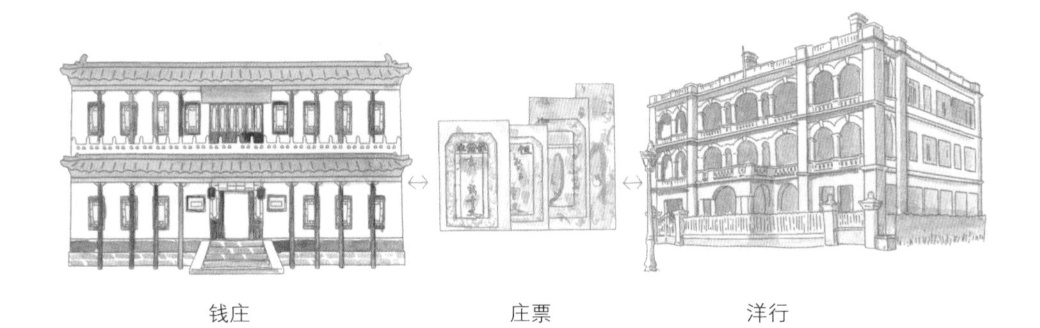

钱庄　　庄票　　洋行

如果跟它们合作的商户倒闭，贷款收不回来，这些金融机构也就被拖垮了。

“红顶商人”胡雪岩不光是著名药铺“胡庆余堂”的创始人，还经营着阜康钱庄和一大堆当铺。全盛时期，他的身家有近三千万两银子，富可敌国。

然而 1883 年，他在和外国人的商战中输掉了，囤积的大批生丝卖不出去，损失几百万两。消息传开，阜康钱庄的储户纷纷过去提款，钱庄就被挤兑得破产了。

挤兑就是大批储户由于恐慌，同时到金融机构取钱。

为了营利，钱庄会把尽可能多的钱贷出去，只留一部分准备金，自然应付不了这种极端情况，信用崩溃，就开不下去了。

票号、钱庄和银号曾经有机会改组成现代银行，不过它们拒绝了。山西商人觉得，老一套就挺好，没必要费劲调整，而且都“宁为鸡头、不为凤尾”，各有各的小算盘，不乐意合作。

票号、钱庄和银号实行无限责任制，一旦资不抵债，东家就得变卖其他资产，很可能变得一贫如洗，再也翻不了身。

而现代银行是有限责任制，抗风险能力更强，和掌柜说了算的票号之类相比，监管也更严格。